FABULEUX MONSTRES MARINS

FABULEUX MONSTRES MARINS

Des photos inédites pour découvrir le fascinant peuple des mers

PIERO & ALBERTO ANGELA
ALBERTO LUCA RECCHI

SOLAR

Pour Carolina, Claudia, Edoardo, Riccardo

Titre original : MOSTRI MARINI

Traduction-adaptation : Michel Faynot
Consultant : Fabien Raimbault
Mise en pages et réalisation : ACCORD, Toulouse

Si vous souhaitez recevoir notre catalogue et être tenu au courant de nos publications, envoyez-nous vos nom et adresse en citant ce livre et en précisant les domaines qui vous intéressent.

SOLAR, 12, avenue d'Italie,
75013 Paris
Site Internet : www.solar.tm.fr

Intérieur
Conception graphique : Federico Magi
Direction artistique : Giorgio Seppi
Illustrations : Alberto Luca Recchi
Photogravure : SEA S.r.l., Rome

Couverture
Photographies : Alberto Luca Recchi
© A. Mondadori
Maquette de couverture : Solar, Paris
Photogravure : Point 4, Paris

ISBN : 2-263-03393-9
Code éditeur : S03393
Dépôt légal : septembre 2002
1re édition

Imprimé en Espagne,
par Artes Gráficas Toledo, S.A.
Achevé d'imprimer en août 2002

Sommaire

Un monstre marin ?

Un monstre, c'est quoi, en fait ? Les définitions ne manquent pas, mais du point de vue physique est appelé monstre tout individu qui s'écarte très sensiblement de la norme. Si quelqu'un, par exemple, possédait quatre bras, deux bouches, les yeux à la place des oreilles ou un pied à la place du nez, il passerait pour un « monstre ». La monstruosité nous frappe par l'écart qui la sépare de la norme. C'est avec ce critère que nous jugeons les animaux. Si l'on vous demande, par exemple, de dessiner un poisson, c'est l'idée de poisson que vous allez dessiner, d'une manière stylisée, et l'on pourra y voir une sardine, un thon, une truite ou un bar.

Un monstre marin ?

Un poisson qui ne correspond pas à cette idée de poisson (par sa forme, ses caractéristiques ou sa taille) est « différent » ; s'il est très différent, avec, de ce fait, un côté « monstrueux », il va provoquer la surprise, l'inquiétude, voire même l'horreur et la répulsion. Vous trouverez dans cet ouvrage 200 superbes photographies originales qui constituent une collection extraordinaire d'êtres « différents » : animaux insolites, inquiétants, à l'aspect ou au comportement atypiques. Des monstres marins, justement. Et les « monstres » plaisent, ou mieux : ils attirent. C'est cette fascination de l'horrible qui fait le succès des films de terreur. *Jurassic Park* est justement un défilé de monstres affreux, de dinosaures agressifs et cruels qui poursuivent, attaquent et dévorent les hommes d'un seul coup de leurs effroyables mâchoires hérissées de dents. Leur énorme taille les rend encore plus terrifiants. Ce goût pour les monstres fait aussi le succès de films de science-fiction : animaux fantastiques, « aliens », munis de tentacules et de ventouses, de têtes d'insecte ou de pattes de crustacé, d'yeux et de bouches énormes, capables de paralyser et de tuer par leur venin. Affreux et cruels, on l'a dit, comme certains personnages (ogres, monstres, sorcières) ou animaux terrifiants qui peuplent les fables, et sans lesquels les « gentils » ne pourraient pas se distinguer (et gagner, bien sûr !). Les journaux aussi offrent leur lot quotidien de monstres et de monstruosités (assassins, violeurs, violents, pervers) qui exercent une curiosité sur le lecteur et le rassurent sur sa « normalité ». Les bonnes actions sont finalement moins passionnantes, ce qui explique que l'*Enfer* de Dante attire davantage que le *Paradis*. La mythologie, elle aussi, est peuplée de monstres : Polyphème, Méduse, Charybde et Scylla, Cerbère, le Minotaure et autres. Leur monstruosité est souvent le reflet de leur méchanceté intérieure. Donc, ce qui est différent est monstrueux et ce qui est monstrueux est méchant. En réalité, les choses se passent souvent autrement dans la nature et nos idées de beauté, de laideur et de méchanceté ne peuvent s'y appliquer. On peut trouver monstrueux un animal avec des tentacules ou hérissé d'épines, la peau couverte d'écailles ou les yeux perchés sur des antennes, avec des ventouses et des crochets ou bien une énorme bouche baveuse. Mais, ce qui compte avant tout, c'est la capacité d'adaptation d'un être vivant à son milieu… Et, si l'évolution a retenu certaines caractéristiques, c'est qu'elles étaient utiles et fonctionnelles. C'est-à-dire « bonnes », donc « belles ». Ce qui va à l'encontre de

Pages précédentes : on dirait un saphir posé sur du velours, c'est l'œil d'un antennaire, la seule partie du corps de ce monstre en miniature que l'on puisse trouver belle. Le concept de beauté étant très relatif, qui sait si, parmi ceux de son espèce, notre spécimen n'obtient pas un vif succès ?

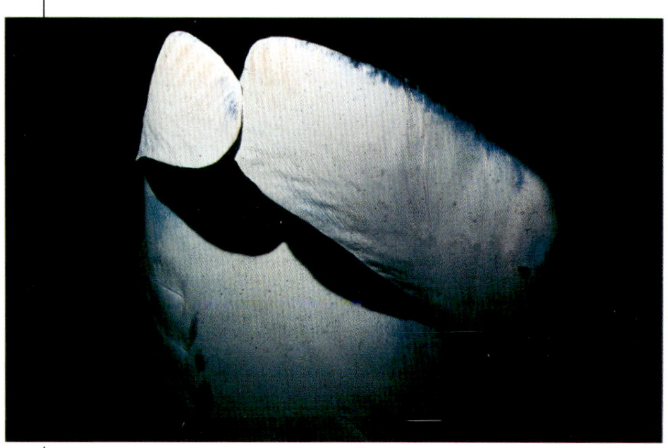

notre idée de beauté. Pourtant ce sont elles que la sélection naturelle a retenues comme étant les meilleures. La nature récompense les « formes » qui ont le plus de chances de survivre dans un milieu donné. C'est précisément le sujet de ce livre, cette infinité de trouvailles, d'innovations, de solutions qui existent et permettent de résoudre les problèmes de survie. De ce point de vue, la mer est un milieu très particulier, pour deux raisons au moins. La première est qu'elle représente le cadre de vie le plus primitif, puisque les neuf dixièmes de l'évolution se sont passés sous l'eau. C'est là que sont apparus les animaux les plus anciens dont les descendants peuplent aujourd'hui encore les fonds marins. Une autre raison est que le monde marin est bien moins connu que la terre ferme, car il n'a été photographié que depuis peu de temps, et l'on y trouve un surprenant mélange de formes « hors normes », c'est-à-dire « monstrueuses ». Nous allons décrire et expliquer toutes les curiosités et anomalies de ces animaux marins : tentacules, aiguillons, bouches, yeux, carapaces… qui sont le résultat d'une très longue évolution au cours de laquelle, par des modifications successives et d'incessantes ramifications, l'extraordinaire variété des êtres vivants a pris forme. Ce que nous en voyons aujourd'hui n'est d'ailleurs qu'une toute petite partie de ce qui a existé sur terre, puisqu'on calcule que 99,9 % des espèces apparues sur notre planète ont disparu peu à peu par défaut d'adaptation. Les découvertes de fossiles révèlent l'existence d'innombrables « monstres » de toutes sortes dans les eaux au temps de la préhistoire. Beaucoup ont disparu, mais bien d'autres rôdent encore parmi les récifs, sur les fonds marins ou dans les abysses, racontant par leurs formes, souvent étranges et insolites, la stupéfiante histoire de la vie.

Page précédente : au cours des siècles, les animaux marins inconnus ou mal identifiés (comme la manta sur la photo) passaient pour des monstres, surtout s'ils étaient plus grands que le bateau, comme la baleine dont on voit le dos sur la photo, page précédente.

En haut, à gauche : dans les eaux froides de Colombie-Britannique, au Canada, entre rochers et forêts d'algues brunes, rôde un monstre qui ressemble à un reptile préhistorique, de type dinosaure. C'est le poisson-loup ocellé. Quand il ne chasse pas, il vit dans l'obscurité des grottes ou des anfractuosités, tout comme le gros mérou de la photo ci-dessus.

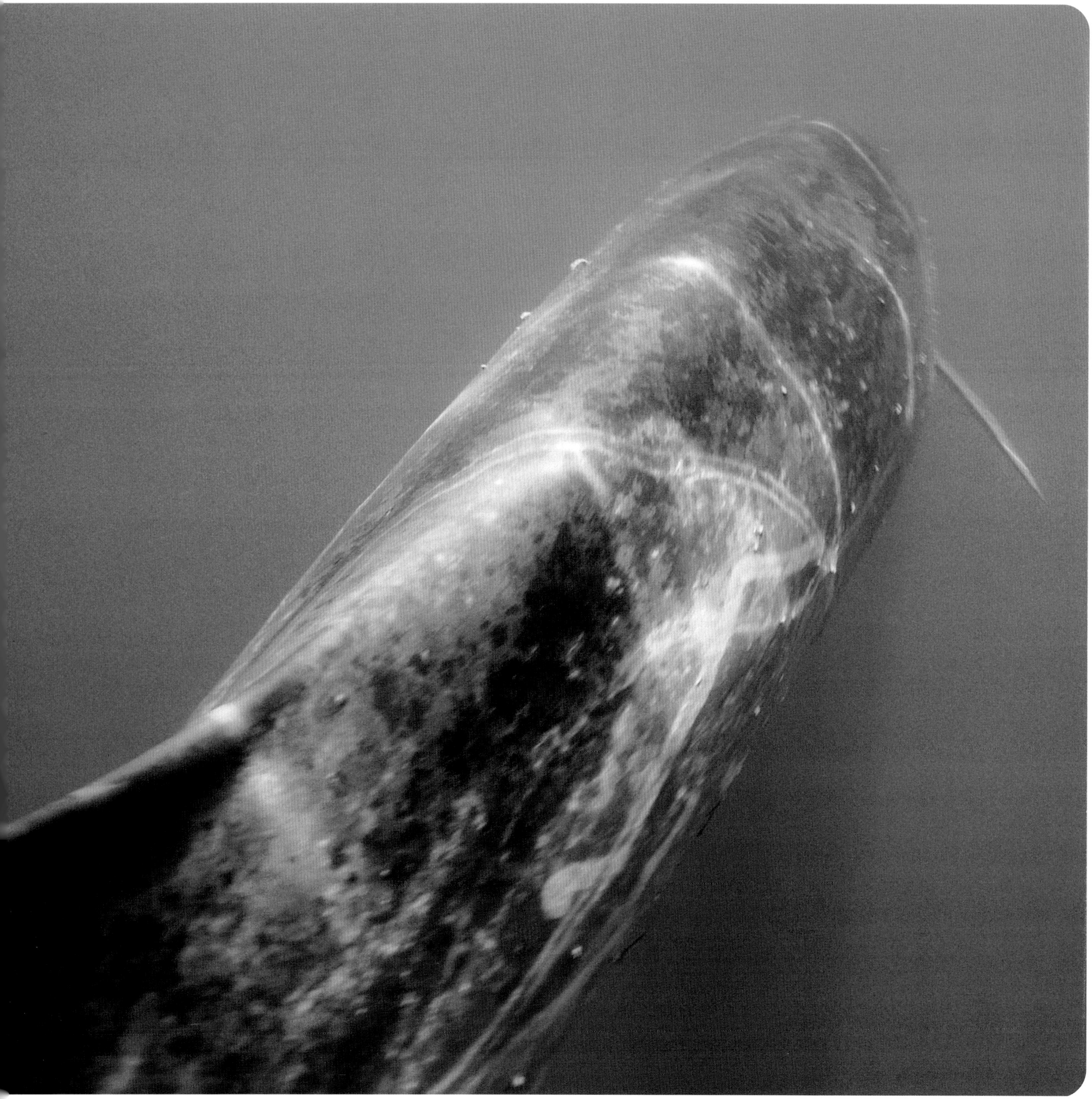

Page précédente : ce rorqual a été photographié au nord de la mer Tyrrhénienne, où les cétacés viennent se nourrir. Ils peuvent engloutir une tonne de crevettes en un jour.

Ci-dessus : ce requin-taureau n'a pas un air très rassurant, mais, en fait, il est obligé de montrer les dents. Dépourvu de poumons, il doit garder la gueule ouverte, ce qui lui donne ce rictus féroce. S'il n'est pas très dangereux pour l'homme, il l'est en revanche, malheureusement, pour ses petits frères qu'il dévore dans le ventre de sa mère, avant même la naissance. Le jeune cannibale se développe ainsi aux dépens des autres embryons, à l'intérieur de l'utérus.

Ci-dessus : ce poisson étrange est une chimère, un poisson cartilagineux, parent reculé des squales, raies et autres mantas.

Ci-dessous : la mâchoire dans laquelle s'est placé Alberto Recchi appartient heureusement au passé. Le *Carcharodon megalodon* est un squale disparu depuis deux millions d'années environ. C'était le carnivore marin le plus redoutable, à côté duquel le requin de Spielberg paraîtrait inoffensif. Atteignant parfois 14 mètres de longueur, il pouvait attaquer les baleines, leur briser la colonne vertébrale et les dévorer.

S'il est un être marin que l'on redoute, c'est bien lui, le grand requin blanc. Un monstre à la gueule démesurée, qui attaque avec la force d'un rhinocéros, la vitesse d'un tigre, et qui n'épargne pas l'homme. C'est pour cela que l'on considère le grand requin blanc comme le « monstre » par excellence.

Pourtant, ses victimes sont rares, bien qu'on le trouve dans toutes les mers du globe, Méditerranée comprise. Le plus gros spécimen a sans doute été capturé à Malte : une femelle de presque 7 mètres de longueur, qui avait dans le ventre un dauphin, un requin bleu et une tortue large comme une table.

Page précédente : les serpents de mer se sont parfaitement adaptés à la vie sous-marine, même s'ils doivent remonter à la surface pour respirer. Ils sont presque tous venimeux et peuvent tuer en quelques minutes, mais il est rare qu'ils s'attaquent à l'homme ; d'ailleurs, leur bouche est si petite qu'ils pourraient tout juste lui mordre les doigts.

Ci-contre : les holothuries ont la forme de saucisses et le corps recouvert d'une peau souple et résistante. On les nomme « cornichons de mer », mais on pourrait appeler celle que l'on voit ici « courge de mer », à cause de sa taille. Sa bouche est entourée de tentacules rétractiles, très utiles pour attraper la nourriture sur les rochers et sur le sable.

Ci-dessous : cet organisme, grand comme un petit doigt, prend, par mimétisme, la couleur de la peau de son hôte. De petits poissons trouvent refuge le jour dans le corps de l'holothurie. La nuit, ils quittent leur refuge pour aller chercher leur nourriture. Une fois la chasse finie, le petit poisson qui veut rentrer chatouille avec sa queue l'anus de l'holothurie qui relâche le sphincter. Le poisson rentre alors par l'anus et se cache dans l'intestin. Une dizaine de poissons réussissent ainsi à pénétrer dans le corps d'une holothurie.

Selon des études sur les origines de la vie, on sait que les premières cellules sont nées dans l'océan, il y a presque 4 milliards d'années. Ce qui est plus étonnant, c'est que pendant 3,5 milliards d'années, les formes vivantes ont connu une évolution sous-marine, et qu'il n'y a que 500 millions d'années que se sont trouvées réunies les conditions nécessaires (protection par la couche d'ozone) à une vie sur la terre ferme. Ainsi, en remontant vers nos origines, nous retrouverions nos plus lointains ancêtres dans les océans. Aujourd'hui encore, les océans abritent une variété extraordinaire de formes primitives, parfaitement adaptées aux conditions de vie sur notre planète, modelées sans cesse par les températures, les pressions et l'environnement.

En haut, à gauche : un garibaldi dans une forêt d'algues.

Ci-dessus : le phare de False Bay (Afrique du Sud) est situé dans l'une des baies les plus riches en requins blancs du monde.

Ci-contre : de très fortes vagues, capables de faire chavirer un petit bateau, sont utiles au milieu marin car, en brassant les fonds, elles font circuler les substances nutritives et contribuent au bon fonctionnement de la chaîne alimentaire.

Pages 16-17 : lorsqu'on les dérange, certaines holothuries peuvent sécréter des filaments défensifs, faire sortir leurs organes internes et parfois même les lancer contre l'intrus. Ces organes repousseront, mais le prédateur se consolera en ayant au moins quelque chose à manger. Les filaments blancs sont si collants qu'ils pourraient immobiliser celui qui voudrait les manger. C'est une colle très efficace, même sous l'eau. Ci-dessus : l'iguane marin (*Amblyrhyncus cristatus*) est le seul lézard qui se nourrisse d'algues.

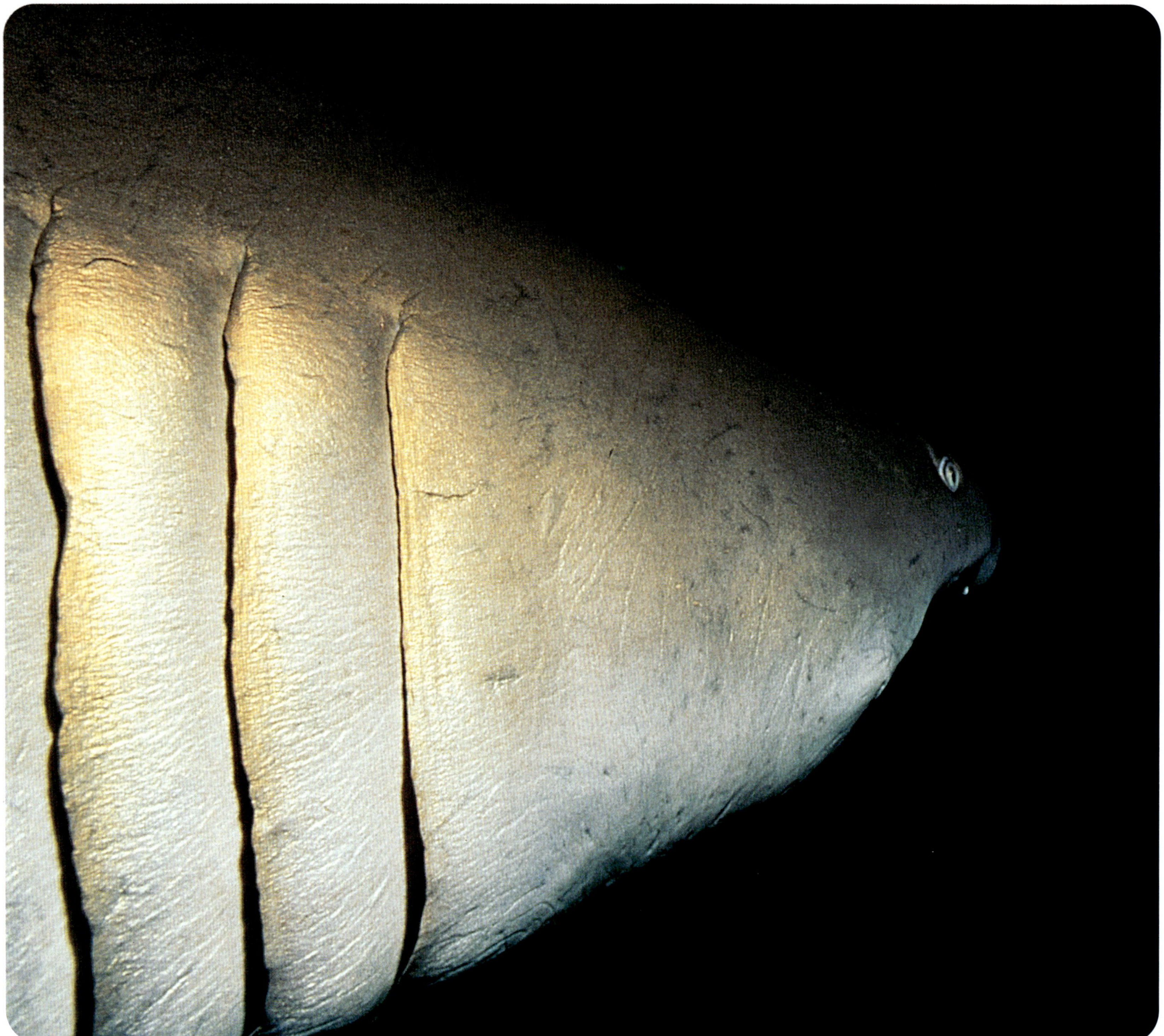

Ci-dessus : tous les animaux ont besoin d'oxygène pour survivre, et les poissons respirent celui qui se trouve dans l'eau. L'eau entre par la bouche, traverse des lamelles riches en vaisseaux sanguins qui retiennent l'oxygène, et ressort appauvrie des branchies. Celles de la photo appartiennent à un requin-taureau. Les poissons osseux n'ont qu'une seule branchie, les requins 5, et de rares espèces jusqu'à 6 et même 7.

Page ci-contre : cette petite sole n'est pas beaucoup plus grande qu'un doigt, et si nous l'avions vue il y a quelques semaines, nous ne l'aurions pas reconnue. C'était un petit poisson parmi tant d'autres qui frétillait entre deux eaux. Entre-temps, elle s'est transformée ; un œil est passé, peu à peu, d'un côté à l'autre du museau. Sur la photo, la transformation est achevée et les yeux sont regroupés sur un même côté du corps. Étalée au fond de l'eau, notre petite sole a fini par ressembler à l'étrange poisson plat que nous connaissons bien.

« Bras » et tentacules

Bien des films de science-fiction ont créé et mis en scène des animaux effrayants pleins de tentacules, qui sortent de l'obscurité, attrapent des savants, des astronautes ou d'avenantes biologistes. Ces tentacules ne laissent aucun espoir : ils étouffent les malheureux, aspirent leur substance et finissent par les engloutir dans une bouche monstrueuse qui les dévore avidement. C'est peut-être de la fiction mais, dans la nature, les céphalopodes chassent plus ou moins comme cela. Comment se fait-il qu'ils aient tant de tentacules ? N'oublions pas que tous les êtres vivants ont une symétrie à eux. Nous autres humains possédons une symétrie bilatérale, deux moitiés de corps identiques (quoique inversées) avec chacune un bras, une jambe, un œil, une oreille, etc.

C'EST UNE SORTE de poignard plat aux bords dentelés qui fonctionne un peu comme un harpon : il se plante dans la bouche ou dans le corps du prédateur et en déchire les tissus. Le venin, qui circule dans deux petits canaux, s'échappe au moment de l'impact et rentre en contact avec les vaisseaux sanguins de l'assaillant. Pour l'homme, c'est une blessure très douloureuse et parfois mortelle. La douleur ne cesse d'augmenter pendant 2 heures, provoquant nausées, vomissements, crampes, problèmes respiratoires et paralysie. Il faut attendre 6 à 12 heures pour que l'effet disparaisse, mais la situation s'aggrave si un organe vital comme le foie est atteint. Tout dépend de la taille de la blessure et de la quantité de venin inoculée. Certaines raies peuvent atteindre 2,50 mètres de longueur pour un poids de 150 kilos. La force de leur venin a fait naître bien des légendes. Les Grecs de l'Antiquité le connaissaient ; ils pensaient qu'une raie, même morte, était encore capable de tuer. Dans plusieurs îles du Pacifique, sa chair est taboue et il est interdit d'en manger. En Malaysia, on mélangeait jadis ce venin avec des fruits et des cristaux pour des rites magiques. Dans certaines contrées, on le considérait comme un précieux talisman : si l'on arrachait son aiguillon à une raie vivante et qu'on le plaçait sur une femme enceinte, son accouchement serait plus facile. Il existe un autre venin très puissant et peu connu, celui d'un petit poulpe vivant le long des côtes indonésiennes et australiennes. Il est si petit qu'il tiendrait dans la main d'un enfant. De couleur violacée, on le trouve à marée basse, dans les flaques d'eau où trouvent refuge mollusques et petits crustacés. On sait que les poulpes paralysent les crabes grâce au venin qu'ils ont dans le bec. Mais dans ce cas, il s'agit d'un venin particulièrement puissant, l'un des plus forts qui soient connus. À tel point que l'on a choisi ce poulpe comme personnage d'un film d'horreur : ce petit monstre vit à la maison dans un aquarium jusqu'au moment où il retrouve sa liberté à la suite d'une chute accidentelle. Il attaque et tue alors la jeune femme qui se tenait dans les parages. N'oublions pas les serpents de mer dont il existe, comme sur la terre ferme, des espèces très venimeuses. Ce sont de vrais serpents adaptés à la vie sous-marine, excellents nageurs, même s'ils doivent de temps en temps remonter à la surface pour respirer. Parmi eux, les plus venimeux sont les hydrophidés qui vivent dans les eaux chaudes tropicales et sont très rapides sous l'eau. Alors que, sur la terre ferme, un homme qui aperçoit un serpent peut rester à bonne distance ou même s'en éloigner, tout

Pages précédentes : tous les crustacés ont cinq paires d'appendices sur la tête ; les deux premières, en avant de la bouche, ont une fonction sensorielle alors que les trois autres, placées derrière la bouche, servent de mandibules. La tête des crustacés suit des règles morphologiques précises et se compose toujours de cinq parties, sans compter les yeux.

Page précédente, en bas à gauche : ce cône entame sa chasse nocturne. Ses proies peuvent être de gros poissons surpris dans leur sommeil. L'approche est lente et silencieuse, mais lorsqu'il est à bonne distance, le cône attaque brusquement en projetant un dard au venin mortel qui paralyse les nerfs de sa victime. Il s'en rapproche ensuite et commence à en aspirer et à en digérer la chair. Beaucoup de crustacés ont des yeux semblables à ceux des insectes, faits de milliers de récepteurs assemblés comme une mosaïque qui leur fournissent une vision panoramique. Les yeux du crabe (en bas, à droite) et de la crevette (en haut, à droite) ressembleraient à des kaléidoscopes colorés si on les agrandissait.

Ci-contre : ce mollusque multicolore est un nudibranche, sorte d'escargot des mers qui aurait perdu la protection de sa coquille. En contrepartie, il garde une solide défense constituée par une chair toxique très peu appétissante.

Ci-dessous : ce rémora s'est fixé à une manta grâce à un disque formant ventouse, placé sur la tête. Certains pensent qu'il partage les repas de son hôte, d'autres qu'il s'en sert seulement comme moyen de locomotion.

change lorsqu'on est dans l'eau. Là, c'est le serpent qui est le plus rapide. Le seul avantage : ces hydrophidés, habitués à des proies de petite taille, n'ont pas une bouche assez grande pour mordre un bras ou un doigt. Les animaux marins venimeux sont encore plus nombreux que sur la terre ferme. Les tétrodons, par exemple (tels que le poisson porc-épic, le baliste, le poisson-perroquet et le poisson-globe), associent aiguillons, becs et épines où ils concentrent des toxines puisées dans les algues. On trouve aussi, ce qui est plus surprenant, des coquillages venimeux. Ceux du genre *Conus*, par exemple, ont une coquille étrange d'où dépassent de petits yeux, ce qui les fait ressembler à des monstres de science-fiction. Leur coquille projette de terribles dards empoisonnés qui peuvent être dangereux même pour l'homme. On connaît mieux la méduse qui, pour se défendre, peut stopper celui qui s'en approche en lui projetant des substances urticantes. Sa façon de frapper rappelle certains jouets imitant les pistolets : le filament urticant est enroulé dans une capsule qui, si on la touche, se déclenche et projette à l'extérieur le filament terminé par une pointe aiguisée qui fait penser à un petit harpon. Il existe aussi un autre moyen d'empoisonner son prochain sans posséder aiguillons, épines, dents, dards, crochets ni becs, c'est d'avoir le corps lui-même venimeux. C'est ainsi que se protègent, par exemple, les nudibranches, qui ressemblent à d'étranges limaces sans défense et faciles à capturer. Les prédateurs savent pourtant qu'il vaut mieux ne pas s'en approcher car leur corps constitue une bouchée empoisonnée, pleine de toxines. Pour avertir de cette menace, les nudibranches présentent des « panneaux indicateurs », à savoir leur peau aux couleurs très vives. Ces couleurs signifient : « Attention, chair toxique ! » C'est une autre manière de survivre dans la nature.

Ci-contre : qui a dit que tous les vers étaient laids et mous ? L'euphrosyne a la longueur d'une banane, on dirait un serpent à plumes et l'on a presque envie de la toucher. Mieux vaut ne pas le faire, car ces touffes blanches avec lesquelles elle rampe au fond de l'eau sont des aiguilles dures et fragiles comme du verre. Elles ont une forme de harpon, se cassent si on les touche et pénètrent dans la chair, provoquant des douleurs lancinantes.

Ci-dessus : face à l'ennemi, on peut combattre, fuir ou se cacher. Se retirer à l'intérieur d'une coquille sous l'eau constitue, pour le pagure, un refuge aussi sûr qu'une forteresse. C'est une stratégie défensive qui fonctionne avec la plupart des prédateurs.

IMAGINONS que nous soyons dépourvus de squelette : notre corps s'affaisserait comme un tas de chiffons. La gravité terrestre rend nécessaires des soutiens osseux pour marcher, courir, sauter. Dans la mer, la gravité terrestre est moins importante, ce qui a permis à un grand nombre de mollusques et d'invertébrés, souvent de grande taille comme les pieuvres et les calmars géants, de se déplacer en « volant » dans l'eau. Mais le fait de posséder une structure rigide (externe, pour les crustacés, ou interne, pour les vertébrés) a produit l'infinité de poissons qui peuplent les mers, et a permis aussi le passage sur la terre ferme qui est à l'origine des amphibiens, des reptiles, des mammifères et, enfin, de l'homme.

Ci-contre : les dents de ce poisson-globe ressemblent à celles d'un lapin ; elles possèdent une fonction analogue, celle de grignoter. Mais du corail, et pas des carottes !

Ci-dessous : mammifères, poissons, oiseaux sont des vertébrés ; ce nudibranche jaune est un invertébré.

Ci-dessus : les ancêtres des pingouins actuels étaient aussi grands que nous et pouvaient peser jusqu'à 70 kilos. De nos jours, les pingouins sont des oiseaux plutôt petits qui ont perdu la capacité de voler. Ils sont devenus, en revanche, d'excellents plongeurs capables de très longues apnées.

Pages 28-29 : ce crabe doit ressembler à un terrible monstre face à ses proies ; en effet, ses pinces peuvent saisir la victime, la déchiqueter et la porter à la bouche. Mais, pour les plongeurs, ce n'est qu'un petit crabe coloré pas plus gros qu'une noix qui se déplace parmi les ascidies.

Ci-dessus : des crustacés ont pénétré dans la chair de ce globicéphale ; il ne s'agit pas d'un échange puisque le globicéphale n'en retire aucun bénéfice, ni de commensalisme puisque la présence de ces crustacés se fait entièrement aux dépens du globicéphale qui en souffre. C'est un vrai cas de parasitisme.

Ci-contre : les rémoras, grâce à un disque formant ventouse qu'ils possèdent sur le dos, peuvent se coller contre leur hôte avec une telle force que certains peuples de l'océan Pacifique s'en servaient pour pêcher.

On jetait à l'eau un rémora solidement relié à la barque, et l'on attendait qu'il s'attache à ce qui passait. On remontait ensuite le rémora et, en même temps que lui, le requin ou la tortue qui y était attaché.

Ci-dessus et ci-contre, à gauche : ce crustacé s'est fixé à la chair d'un sargue. Jour après jour, il va aspirer ses fluides et ses tissus, mais sans exagérer, son souci étant de maintenir son hôte en vie le plus longtemps possible pour continuer à en profiter. Un parasitisme modéré et calculé !

Page suivante : on trouve l'araignée de mer presque partout en Méditerranée, mais il est rare de l'apercevoir au cours d'une plongée diurne, car elle passe une bonne partie de la journée dans des grottes ou des anfractuosités et ne sort que la nuit pour chasser.

Les crustacés se sont collés sur l'enveloppe extérieure – appelée carapace – de cette tortue, ce qui a pour effet de réduire sa capacité hydrodynamique et, donc, sa vitesse et son efficacité.

Ci-dessus et ci-dessous : pour les nudibranches, la recherche d'un partenaire est relativement facile puisqu'ils sont hermaphrodites. Chaque individu possède œufs et sperme, il est en même temps mâle et femelle. Les rencontres se font donc sans trop de manières.

Quand deux nudibranches sont intéressés l'un par l'autre, ils se rapprochent et se font la cour en se frottant le museau. Puis, par une petite trompe, le sperme passe de l'un à l'autre. Et chose extraordinaire, à la fin, ils sont tous deux fertilisés et… « enceints ».

Ci-dessous : les nudibranches sont des mollusques qui ont perdu leur coquille, peut-être parce qu'elle les gênait dans leurs mouvements et les empêchait de pénétrer dans les petites fissures.
Mais en même temps que leur coquille, ils ont perdu une bonne défense qu'ils ont remplacée par un goût déplaisant pour un éventuel prédateur. Leur corps est en effet recouvert de papilles qui sécrètent des substances chimiques repoussantes, comme l'acide sulfurique. Ces substances proviennent en partie de leur nourriture, car les nudibranches mangent aussi des hydroïdes et leurs nématocystes toxiques. Au cours de la digestion, ils sont capables d'isoler ces substances toxiques et de les transférer sur leur peau.
Mais à quoi sert de se protéger des prédateurs en se rendant venimeux si, pour s'en rendre compte, le prédateur doit d'abord vous manger ? C'est ici que la couleur intervient. Lorsqu'elle est rouge vif, le message signifie : « Attention, poison ! » Le fait d'être coloré, d'ailleurs, n'implique pas que l'on perçoive les couleurs.
Le nudibranche, par exemple, ne les voit pas, à commencer par ses propres couleurs.

Comme beaucoup d'animaux, marins ou pas, le bernard-l'ermite se protège à l'aide d'une cuirasse, mais ce n'est pas la sienne. Il occupe, en effet, celle qu'un autre a abandonnée et la décore d'anémones de mer, d'éponges et autres organismes urticants destinés à le protéger.

Armes et venins

Dans un célèbre James Bond, l'acteur Sean Connery se trouve aux prises avec une petite vieille déguisée en bonne, et il est en difficulté : celle-ci n'a pas d'arme, mais une lame pointue dépasse de l'une de ses chaussures. James Bond sait qu'elle contient un poison violent et, malgré sa force, se tient à distance. Il suffirait en effet d'une égratignure infligée par cette lame pour le tuer en quelques secondes. Il en va de même dans le monde marin, où des animaux faibles et vulnérables possèdent eux aussi une « lame empoisonnée ». C'est le cas des pastenagues qui sont des raies possédant à l'arrière du corps un aiguillon venimeux.

« Bras » et tentacules

DANS CERTAINS CAS, la symétrie est différente. L'étoile de mer a une symétrie radiaire à 5 branches. Dans d'autres cas, les bras (ou tentacules) sont bien plus nombreux. Les poulpes en ont 8 (4 de chaque côté) et les calmars, 10 (5 par côté). Deux de ces tentacules ont une longueur double de celle des autres et se terminent par une partie aplatie dotée de ventouses (plus rarement de crochets).

Pages précédentes : ces tentacules appartenaient à un calmar qui dépassait 10 mètres de longueur. Rien d'extraordinaire, l'*Architeuthis* peut être beaucoup plus grand. Pour avoir une idée de ses proportions, il suffit de penser qu'une rondelle de calmar du type de celles que l'on mange frites, si elle appartenait à un *Architeuthis*, aurait la taille d'un pneu de camion, et son œil celle d'un phare de voiture.

Les poulpes, les pieuvres, les seiches et les calmars sont des céphalopodes : ils ne possèdent pas de tronc et leur tête est attachée directement à leurs membres. Chez certains céphalopodes, les tentacules peuvent être très nombreux : le nautile en possède 90.

Il existe des céphalopodes de différents types et de différentes tailles. Récits et légendes sont remplis de pieuvres géantes, surgies du fond des mers pour attaquer bateaux et marins. En réalité, la pieuvre la plus grande que l'on ait capturée ne dépassait pas 3 mètres de longueur. Bien sûr, si la pieuvre déploie ses tentacules, elle peut atteindre une « envergure » de 8 mètres, dimension certes très respectable, mais insuffisante pour mettre en difficulté une embarcation de haute mer. Les « monstres » repérés par des marins ou des pêcheurs étaient plutôt des calmars géants. Ils représentent une version agrandie de ces petits calmars que l'on trouve au restaurant, frits et coupés en morceaux. Un calmar géant, si l'on tient compte de ses tentacules les plus longs, peut mesurer de 20 à 30 mètres de longueur et peser jusqu'à 200 kilos. Il faut dire que ceux qui ont été trouvés jusqu'à maintenant étaient des « bébés ». En examinant l'estomac de cachalots, qui sont de grands chasseurs de calmars, on a trouvé des restes de calmars géants de dimensions impressionnantes. Certaines estimations permettent d'envisager une taille de 60 mètres et plus pour ces animaux. Ces « monstres » pourraient confirmer les récits des marins et des pêcheurs. Les tentacules de ces céphalopodes peuvent s'allonger et se détendre très vite, de manière synchronisée, en entourant la proie et en lui ôtant toute possibilité de fuite. Les centaines, voire les milliers de ventouses placées le long des tentacules rendent la prise encore plus efficace. Elles sont reliées à des muscles qui créent le vide en se contractant. Certaines de ces ventouses ont des petites dents sur leurs bords.

Une fois la proie immobilisée, les tentacules la portent rapidement à la bouche qui ressemble à un bec de perroquet et permet de mordre et d'arracher de gros morceaux de viande. La bouche est dotée d'une langue rugueuse bien particulière, appelée radule, munie de petites dents (un peu comme une râpe), qui permet de pousser les morceaux arrachés vers la cavité interne. Ce système est d'autant plus spécial qu'il peut tourner, donnant à la bouche plus de mobilité et d'efficacité. La salive contient des enzymes digestifs qui dissolvent les protéines tandis que deux glandes sécrètent du venin pour bloquer la proie.

Malgré leur aspect primitif, les poulpes possèdent des facultés d'adaptation intéressantes. Lors d'expériences en aquarium, ces animaux plutôt simples peuvent apprendre à distinguer un nombre assez grand de signaux. Le cerveau du calmar présente, en revanche, une caractéristique étonnante : de forme tubulaire, il est situé autour de l'œsophage. Des études ont permis d'en établir une carte où sont localisées différentes fonctions. On a découvert, notamment, la partie du cerveau qui commande la fermeture des ventouses. Le calmar géant reste toutefois un animal mystérieux, car il est difficile à observer de près dans la nature. Il vit à de grandes profondeurs que les plongeurs ne peuvent atteindre.

Pour cette raison, on a imaginé de fixer des caméras sur le dos d'un cachalot, dans l'espoir qu'il puisse filmer un de ces géants en liberté, ou même une bataille furieuse dans les abysses. On croit savoir, en effet, que les cachalots peuvent parfois attaquer en groupe, comme les loups.

Page précédente : si une étoile de mer vient à perdre un de ses membres, elle peut le régénérer sans grands dommages.

En haut, à gauche : poursuivi par une murène, le poulpe disparaît dans un nuage d'encre, comme dans un tour de prestidigitation. L'encre prend parfois la forme d'une proie, mais elle endort surtout l'odorat du prédateur.

Ci-dessus : les changements de couleurs des céphalopodes sont rendus possibles grâce à des cellules pigmentées, appelées chromatophores, qui peuvent se dilater ou se rétrécir. C'est un dispositif très élaboré, car chaque chromatophore est sous le contrôle direct de cellules sensorielles.

Le changement de couleurs est directement commandé par le système nerveux, et il est instantané. La peau est une sorte de mosaïque que le poulpe peut modifier selon qu'il veut montrer ou cacher ses couleurs.

Celles que l'on voit ici sont typiques d'une espèce vivant en Papouasie-Nouvelle-Guinée.

Ci-contre : on pense généralement au poulpe comme à un délicieux hors-d'œuvre, mais c'est le plus intelligent des invertébrés, un vrai magicien des grands fonds. C'est un mollusque sans coquille qui, avec ses 8 bras, est assez fort pour soulever des poids 15 fois supérieurs au sien. Il est également capable de synchroniser ses 2 000 « doigts » – ses ventouses – comme s'il était l'égal de 200 pianistes réunis.

Ci-contre et ci-dessous : les seiches, les calmars et les poulpes sont tous des céphalopodes qui, grâce à une coquille interne plus ou moins développée, ont appris à contrôler leur flottaison et se sont détachés du fond pour devenir, il y a 250 millions d'années, les maîtres des mers. Leurs fossiles nous renseignent sur la grande variété de formes que pouvait prendre leur coquille. Toutes les espèces à coquille externe ont disparu, excepté le nautile. La coquille interne des céphalopodes survivants peut être un os fin et allongé, comme un morceau de plastique transparent, dans le cas de la seiche, ou encore plus fin comme chez le calmar. Le poulpe, quant à lui, a totalement perdu ce type d'os.

L'anémone ressemble à une fleur, mais c'est un animal. C'est même un carnivore qui mange tous les petits poissons qui s'aventurent au milieu de ses tentacules urticants. Tous sauf le poisson-clown, considéré comme un hôte précieux : il nage en effet avec une telle énergie qu'il favorise l'oxygénation de l'anémone qui, en contrepartie, lui laisse les restes de ses repas. Le petit poisson s'enhardit parfois tellement qu'il entre dans la bouche de son hôte pour y prendre des restes de nourriture.
Mais un jour, le poisson n'aura plus la force de frétiller. Ce jour-là, il ne sera plus utile à l'anémone qui, ingrate, le mangera.
Une famille de poissons-clowns est composée d'une grande femelle dominante, d'un petit mâle reproducteur et de nombreux jeunes. Si la femelle meurt, le mâle change de sexe et l'un des jeunes prend alors le rôle de mâle reproducteur.

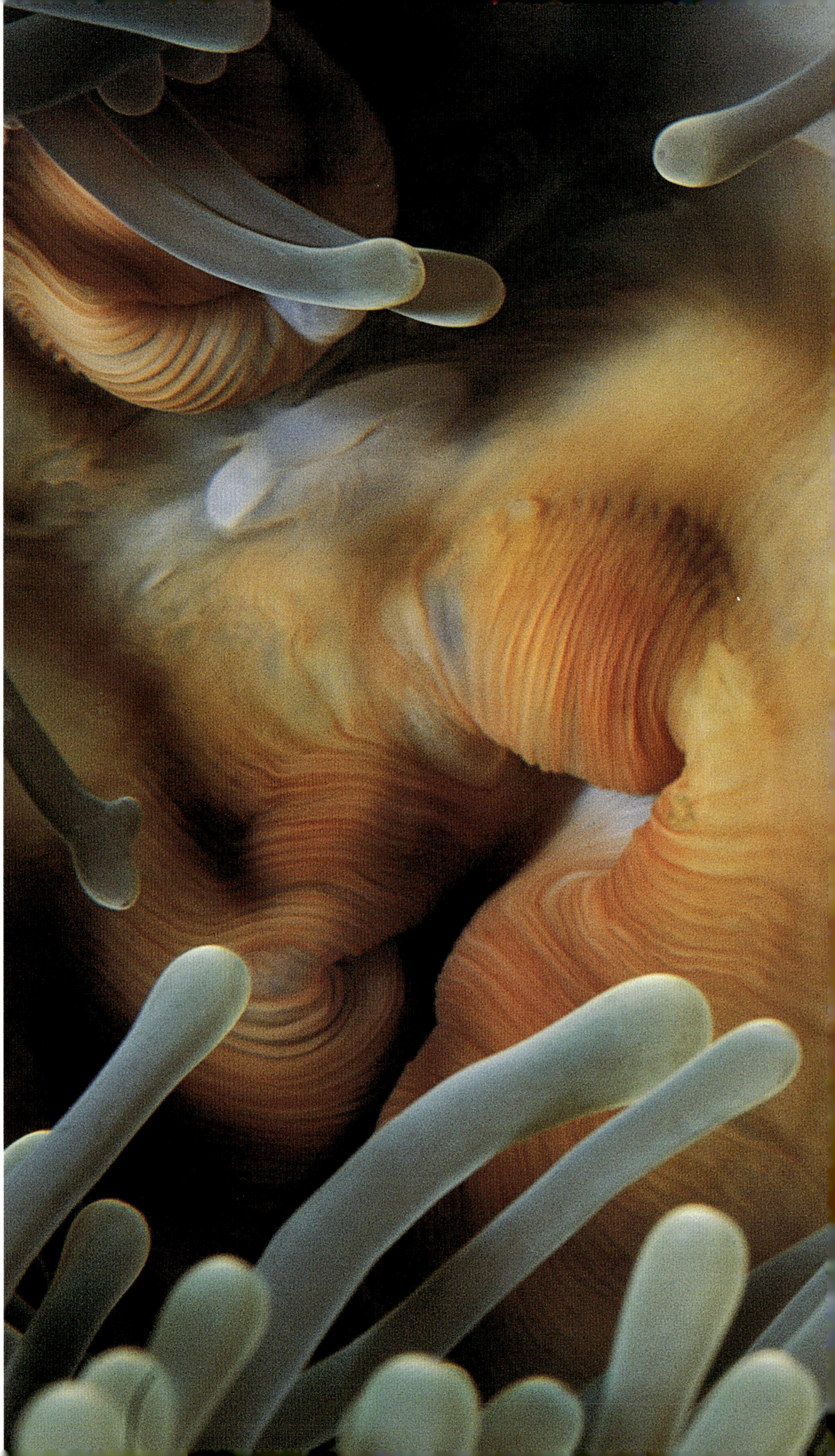

Attaquer une proie ou s'enfuir : la survie est avant tout liée à la rapidité. Pourtant, il existe dans la mer des animaux immobiles, ancrés aux fonds marins ou aux rochers, tels que les huîtres, les coraux, les moules. Pour se défendre, ils se protègent dans des « cuirasses » rigides et, pour se nourrir, ils filtrent l'eau ou le sable pour y prélever des particules organiques en suspension ou quelques spécimens de la faune minuscule passant à portée. C'est une stratégie qui fonctionne à merveille : il suffit de voir les gigantesques constructions sous-marines édifiées par les coraux (la muraille de Chine ferait pâle figure à côté). Certains de ces animaux filtreurs sont devenus de précieux auxiliaires pour les biologistes qui s'occupent de la qualité de l'eau. Comme ils restent fixes, ils jouent le rôle d'indicateur en cas de pollution, en permettant de la localiser parfaitement (alors qu'un poisson qui contient des produits toxiques a pu les absorber ailleurs).

Sur cette page : l'agriculture n'a pas été inventée par l'*Homo sapiens*, mais des millions d'années plus tôt par les coraux, dont les polypes ont commencé à cultiver des algues, appelées zooxanthelles. Ces algues contiennent de la chlorophylle et produisent de la nourriture grâce à l'énergie qu'elles tirent de la lumière par photosynthèse. Algues et coraux sont complémentaires car chacun utilise ce que l'autre rejette. Dans cette ferme sous-marine très bien organisée, d'autres animaux trouvent gîte et couvert. C'est le cas du poisson-faucon, en bas à gauche, et du mollusque ci-dessus.

Cette pomme de mer (*Pseudocolochirus axiologus*) est une holothurie étrange et colorée. Pour manger, elle déploie ses tentacules pour attraper des particules de nourriture qu'elle porte à sa bouche.

Ce gorgonocéphale (*Astrospartus sp.*) est une ophiure et n'aime pas la lumière. La nuit, il déploie ses bras qui, comme de grands tentacules ramifiés, attrapent du plancton et d'infimes particules de nourriture.

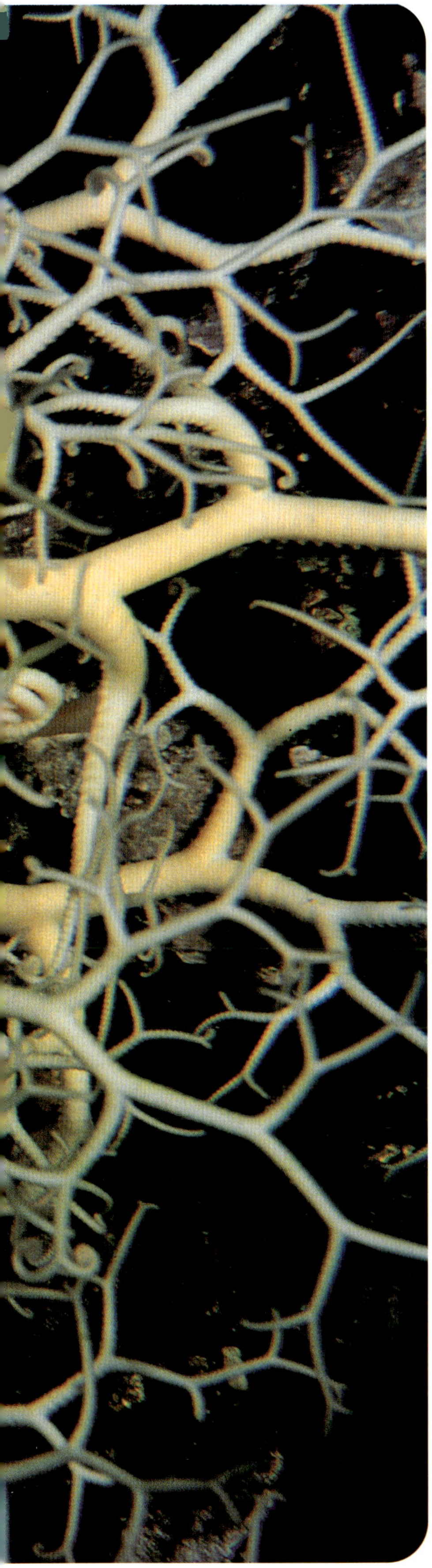

Ci-dessous : les seiches mâles font une cour compliquée lorsqu'ils veulent s'accoupler. Leur dos se couvre de rayures foncées. Si les mêmes rayures apparaissent sur le partenaire, c'est qu'il s'agit d'un autre mâle et l'accouplement n'aura pas lieu. Les femelles, lorsqu'elles veulent s'accoupler, deviennent plus claires.

Ci-dessus : les poulpes semblent une aberration de la nature : des mollusques à 8 bras, ou plutôt 8 jambes, attachés à la tête et un bec d'oiseau. Pourtant, leur cerveau est très évolué, bien plus que la majeure partie des autres poissons ; il se situe entre celui des oiseaux et celui des mammifères.

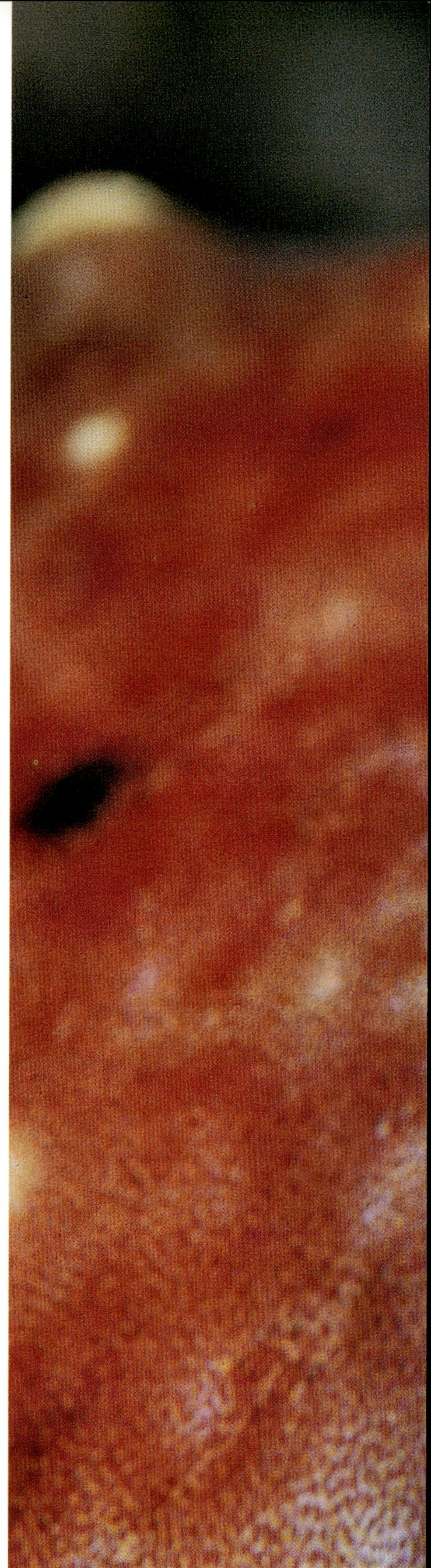

Ci-contre : le calmar n'est blanc qu'une fois mort. Vivant, il possède de splendides couleurs changeantes qui lui servent à se camoufler sur les fonds marins. Mais les couleurs les plus vives sont réservées à la

parade amoureuse et aux combats entre mâles. Les calmars, comme les seiches, sont des chasseurs redoutables et rapides qui peuvent nager vers l'avant et vers l'arrière en dévorant poissons et crustacés, et parfois même leurs semblables. Ils ont deux tentacules qu'ils cachent en général, mais qu'ils lancent brusquement comme des frondes rétractiles pour capturer une proie passant à leur portée.

Ci-dessus : les yeux d'un poulpe sont semblables aux nôtres. Ils possèdent une cornée, un cristallin, un iris, une pupille et une rétine. Cette ressemblance n'est qu'une coïncidence car les deux types d'évolution sont tout à fait différents. Les yeux des vertébrés ont pour origine des cellules du cerveau, alors que ceux des céphalopodes viennent de cellules de la peau.

Aiguillons et épines

Il existe en Australie un petit lézard armé d'aiguillons et d'épines, c'est le moloch. Son aspect est impressionnant, un vrai « monstre » qui inspire la peur. En réalité, c'est une petite bête inoffensive qui n'attaque ni ne mange personne, excepté les fourmis dont elle est friande. Ses aiguillons n'ont qu'un rôle défensif, ils sont là pour dissuader les éventuels prédateurs. Les choses sont analogues sous la mer : à l'origine de cette grande variété d'épines et d'aiguillons (souvent terribles d'aspect), il y a toujours une stratégie de défense. Le poisson porc-épic en est un exemple typique. Quand il se sent menacé, il se gonfle démesurément en faisant rentrer de l'air ou de l'eau dans son estomac et tout son corps se hérisse d'épines.

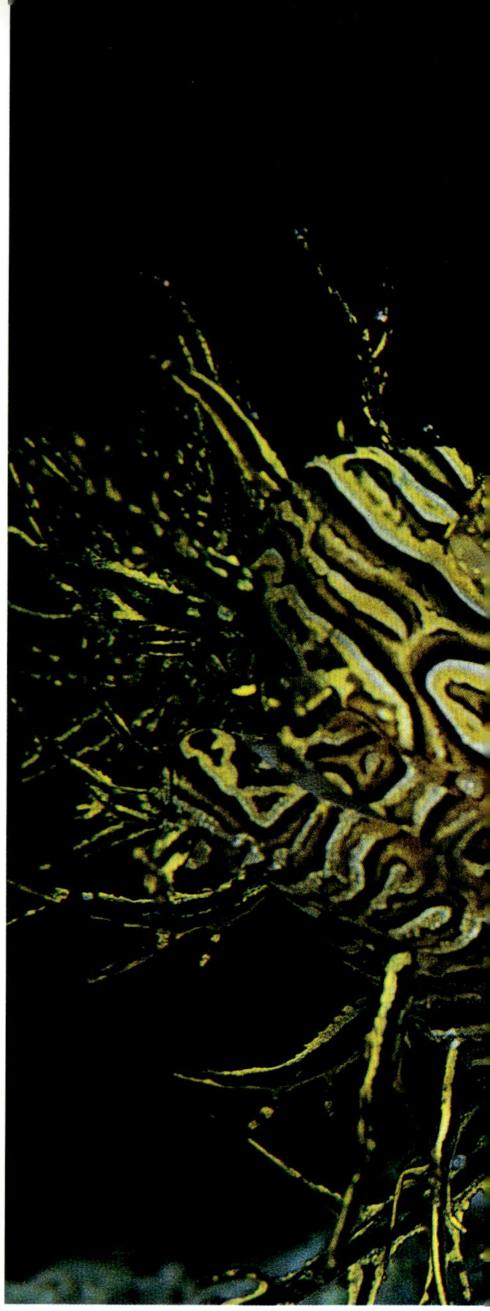

Il DEVIENT ainsi une bouchée très désagréable pour n'importe quel prédateur, même les plus gros comme les requins. En voulant l'avaler, ils risquent de s'étouffer et sont obligés de le recracher. Cette mauvaise expérience est un apprentissage : la prochaine fois, le prédateur prendra soin d'éviter le poisson porc-épic.

Dans le cas du poisson porc-épic, les épines sont une évolution directe des écailles ; les requins eux-mêmes ont le corps recouvert de dents minuscules (comme celles qu'ils ont dans la bouche), râpeuses comme du papier de verre, dont la fonction est peut-être de rendre la surface du corps plus hydrodynamique. Les épines que l'on voit sur le corps des poissons sont probablement une évolution directe de leurs arêtes. La structure interne de celles-ci leur permet en effet de se transformer en épines par calcification et de devenir ainsi des aiguillons venimeux. C'est ce qui est arrivé au *Pterois volitans*, véritable monstre marin, appelé aussi scorpion de mer, qui possède, à la base des aiguillons, des glandes à venin destinées à la défense, mais également à l'attaque. Chez d'autres poissons, les arêtes dorsales se sont d'abord transformées en une série d'aiguillons (comme ceux de la vive, si tristement célèbre), puis en un seul aiguillon défensif particulièrement douloureux. C'est ce que l'on trouve chez les pastenagues, sortes de raies possédant vers l'arrière du corps un terrible « harpon » venimeux en os qui dissuade les prédateurs.

Pages précédentes et ci-dessous : si vous deviez dessiner une tête de dinosaure, le résultat ressemblerait certainement beaucoup à un iguane, ce reptile qui se chauffe des heures au soleil et qui ne mange que des plantes.

Une évolution extrême de ce phénomène de transformation de l'arête dorsale a donné lieu à une curiosité. C'est le petit appendice vermiforme que l'on trouve sur la tête de la baudroie et qui fonctionne comme une canne à pêche. Cachée sous le sable, la baudroie agite cet étrange appendice pour attirer ses proies qui tombent dans le piège en croyant qu'il s'agit d'un ver. La grande bouche s'ouvre alors brusquement, engloutissant d'un coup l'infortuné de passage.

Une dernière variante, chez les poissons des abysses, est la transformation de cet appendice vermiforme en « lanterne » proprement dite. L'obscurité totale qui règne dans les grandes profondeurs a favorisé le développement des poissons lumineux. L'un d'eux possède justement une petite lanterne à l'extrémité de son appendice, pour

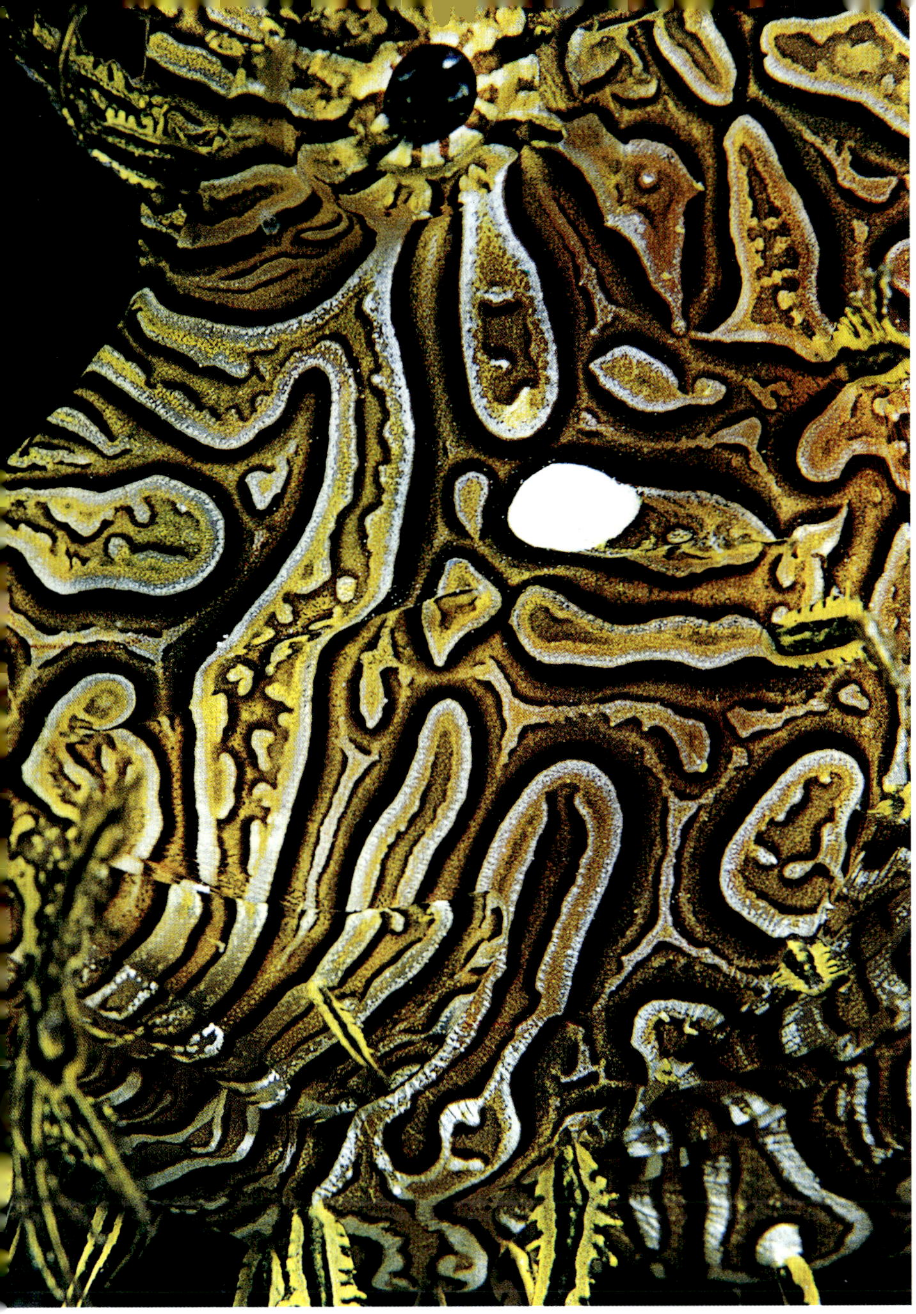

attirer ses proies et les manger. C'est le principe de la pêche au lamparo. Le système de l'aiguillon n'est en tout cas pas réservé aux poissons. Certains coquillages sont dotés eux aussi d'épines pointues, comme la *Murex pecten* dont le « dard » présente des aiguillons longs et très fins.

Les oursins sont pleins d'épines fixées sur le squelette calcaire (qui ressemble étrangement à une étoile de mer qui aurait replié ses bras). Ces épines sont faites d'un unique cristal de calcite et sont mobiles. Elles s'articulent sur des excroissances et sont actionnées par des muscles sous-jacents. L'ensemble fait penser à une fantastique machine de guerre dessinée par Léonard de Vinci, avec des lances pointées vers l'extérieur : une forteresse ambulante, toxique de surcroît, car certains oursins possèdent des glandes venimeuses entre leurs épines. Une bouchée bien indigeste pour celui que tenterait une proie facile à attraper, car incapable de fuir.

Il existe enfin un dernier avatar spectaculaire de l'aiguillon offensif, il concerne l'espadon et le poisson-scie. L'espadon possède un énorme aiguillon à l'avant de la tête. C'est une arme meurtrière avec laquelle il peut transpercer des animaux bien plus grands que lui. On a retrouvé des « épées » plantées dans le corps de cétacés, et même dans des coques de bateaux !

Le poisson-scie, quant à lui, est encore plus « monstrueux » avec ce fantastique râtelier de dents qui lui sort du front. Il ne s'agit pas vraiment de dents, mais de spicules qui sont des transformations particulières de la peau. C'est une arme que le poisson-scie utilise comme un fouet, frappant les petits poissons avec une efficacité redoutable. Pendant la période de reproduction, les mâles s'en servent comme arme pour se battre entre eux.

On parle peu de ces poissons, pourtant ce sont des animaux vraiment extraordinaires, non seulement par leur silhouette, mais aussi par leur longueur qui peut atteindre 6,50 mètres.

Sur cette page : comme la rascasse de Merlet (en haut, à gauche), le poisson-globe (ou poisson porc-épic), ci-dessus, ne possède pas d'écailles mais des épines fixées sur une peau calleuse. Sa stratégie défensive, face à ses prédateurs, est curieuse. En un instant, il se remplit d'eau et se gonfle démesurément. Jusqu'alors repliées et peu visibles, ses épines se dressent et il devient difficile à quiconque d'avaler un ballon hérissé d'aiguilles dont le diamètre peut atteindre 1 mètre. Avec son bec de perroquet, il brise coquillages et crustacés et il est agressif lorsqu'il s'agit de défendre son territoire.

La chair du poisson porc-épic contient une substance très toxique, la tétrodotoxine, qui la rend mortelle. On le cuisine au Japon, mais il faut au cuisinier une licence spéciale qu'il n'obtiendra qu'après avoir suivi des cours et passé un examen.

Cette étoile de mer, appelée couronne d'épines, est une vraie calamité pour les barrières de corail qu'elle détruit en dévorant les polypes des coraux. Elle est mangée à son tour par des tritons, mollusques lents qui ne craignent pas les épines.

Ci-dessus : détail d'une couronne d'épines.

En haut, à droite : le poisson-feuille se camoufle si bien (en feuille, évidemment) qu'un prédateur ne le voit que lorsqu'il le touche. Il a un appétit féroce et avale tout ce qui entre dans sa bouche, parents compris.

Ci-contre : les accouplements de poissons-feuilles peuvent durer une demi-heure, souvent à la surface de l'eau. C'est le mâle qui s'occupe de la survie des œufs : il les oxygène en les environnant de bulles et les garde dans un trou proche de feuilles ou d'algues avec lesquelles il peut se confondre.

Il existe, dans certaines revues consacrées au divertissement, un jeu qui consiste à trouver des animaux cachés dans un décor. Ils se confondent si bien avec la végétation qu'ils sont pratiquement invisibles. Les fonds marins jouent à peu près le même rôle.

Si l'on regarde ces trois photos, on voit trois animaux complètement fondus dans le décor. On se demande alors combien de fois on a pu passer à côté d'eux, avec masque et palmes, sans rien remarquer. Les photos semblent montrer une feuille, des branchages et des fragments de rochers. En réalité, il s'agit respectivement d'un poisson-fantôme moucheté, d'un crabe-flèche et d'un faux poisson-pierre. On se laisse souvent prendre par des illusions de ce genre ; regarder sous l'eau est une conquête assez récente. On peut penser néanmoins que l'illusion fonctionne, au moins partiellement, chez des prédateurs spécialisés, puisque les mêmes « astuces » se pratiquent depuis des millions d'années.

En haut, à droite : un crabe-flèche.

Ci-dessous : le faux poisson-pierre, un scorpénidé très répandu dans les mers tropicales.

En bas, à droite : un couple de poissons-fantômes mouchetés camouflé en feuilles moussues. (*Solenostomus cyanopterus*).

Ci-dessus : un petit scorpénidé embusqué parmi algues et ascidies. Un « cousin » célèbre de Méditerranée est la rascasse.

Pages suivantes : l'euphrosyne est un petit chacal de Méditerranée, dans la mesure où elle se nourrit d'animaux morts. Mais tandis que le chacal se défend avec les dents, elle se sert de son venin. Ses couleurs mettent en garde : « Ne me mangez pas, je suis à vomir. »

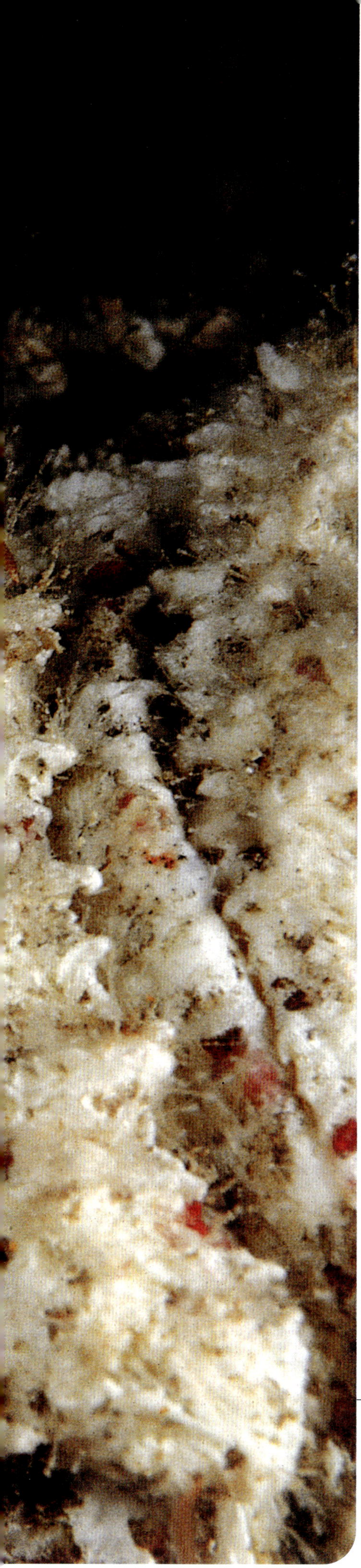

Ci-dessus : les yeux d'une langouste.

Ci-contre, à gauche : le poisson-pierre (*Synanceia verrucosa*) est le plus meurtrier de tous les poissons. Le venin contenu dans les aiguilles de son dos est plus mortel que celui du cobra, et sa peau renferme également une substance toxique. Il existe aussi un faux poisson-pierre dont les épines infligent des blessures douloureuses, mais non mortelles. Il est très laid à nos yeux, mais il est très bien adapté au milieu dans lequel il vit et se camoufle.

Ci-contre, à droite : le poisson-grenouille à taches de rousseur passe la journée immobile parmi algues et éponges.

On le connaît, selon les espèces et les lieux où on le trouve, sous le nom de poisson-cobra, poisson-scorpion, poisson-lion, poisson-zèbre, mais c'est toujours lui, le *Pterois*, un prédateur bien équipé pour attaquer parmi les coraux. Ses épines dorsales, anales et pelviennes sont chargées d'un venin qui n'est pas mortel, mais assez puissant pour provoquer de fortes douleurs, même à l'homme. C'est un avertissement, une façon de dire : « Ne m'oubliez pas. »

Yeux et taches oculaires

 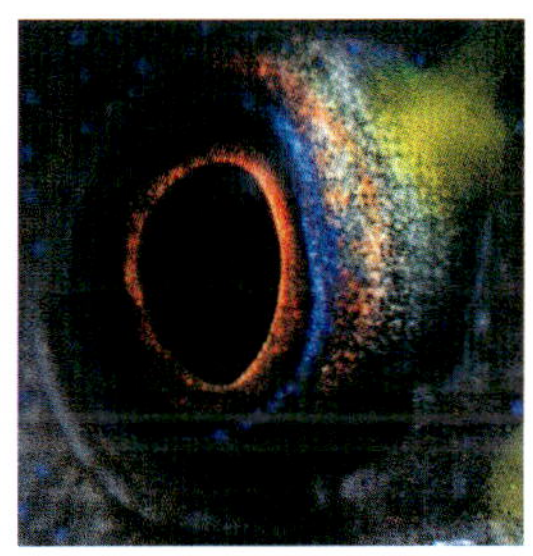 

Les yeux, comme tant d'autres choses, trouvent leur origine sous la mer, bien avant que la vie n'arrive sur la terre ferme. C'est en effet dans les fonds sous-marins que le système visuel raffiné, qui nous permet aujourd'hui de regarder autour de nous, de voir un spectacle télévisé ou de lire ce livre, a évolué. Ce devait être un avantage réel, même dans les mers des origines, que de voir sa proie (ou un prédateur). La faune marine actuelle nous permet de retracer l'histoire de cet « avantage ». En observant les différents types d'animaux, on peut suivre la naissance et le développement de la vue, et même des divers types de vue, car la sélection naturelle a produit des systèmes très variés qui ont évolué indépendamment les uns des autres.

LA FORME la plus primitive de vision se trouve probablement chez les polyclades, des vers marins ressemblant aux planaires. Ils possèdent de simples cellules sensibles à la lumière, appelées « taches oculaires ». Ce ne sont pas des yeux, mais des groupes de cellules qui réagissent aux changements de lumière et aux mouvements rapides qui surviennent à leur proximité. Pour imaginer le type de vision que peut procurer un tel système, il suffit de penser à ce que nous percevons les paupières fermées. Lorsque nous fermons les yeux, nous ne pouvons plus voir mais nous sommes capables de percevoir des changements de lumière et des mouvements, comme ceux d'une main qu'on agite devant nos yeux. Les méduses aussi ont des cellules photosensibles, de même que les étoiles qui possèdent des taches oculaires à l'extrémité de chaque bras. Il existe une autre sorte d'œil sous-cutané : celui de la lamproie. Il est placé dans la partie supérieure du cerveau, à un endroit où la peau est si fine qu'elle laisse passer la lumière. C'est un système archaïque, régulé par la glande pinéale, l'épiphyse, qui sécrète de la mélatonine (substance associée à la régulation des rythmes jour-nuit). On l'a appelé « troisième œil » de manière erronée, car il ne permet pas de voir, tout au plus de discerner les variations de lumière et les mouvements rapides. C'est un système efficace puisqu'il fonctionne non seulement chez les lamproies, mais aussi chez des animaux terrestres comme les grenouilles, les salamandres et les lézards. Aussi étrange que cela puisse paraître, les coquillages peuvent avoir des yeux, comme les bivalves par exemple. Certains d'entre eux possèdent des ocelles très élaborés et très nombreux qui se montrent le long de l'ouverture, produisant un effet saisissant : on dirait de vrais yeux en train de guetter derrière une meurtrière.

Pages précédentes : à l'état larvaire, les murènes flottent souvent au gré des courants, en même temps que le plancton. Cette période de passivité dure un an, la murène descend ensuite vers le fond pour commencer une vie de chasse active.

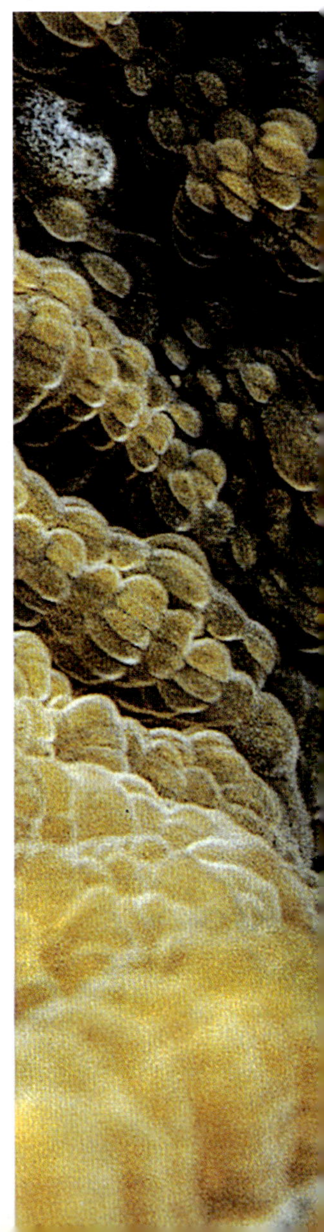

Les yeux les plus « monstrueux » sont toutefois ceux des crustacés, avec leur apparence de périscopes mobiles. Leur structure fait penser à un faisceau de longues-vues de marine serrées ensemble. Tout en haut, l'œil présente une surface faite de petites sphères (comme des lentilles de longue-vue). La lumière entre par les petites sphères dans chaque longue-vue et stimule un nerf qui porte le signal au cerveau. C'est un système de vision qui a évolué de façon complètement indépendante et ne peut se comparer au nôtre. Il fonctionne comme une mosaïque : chaque petite sphère voit une partie de la réalité, et toutes ensemble recomposent l'image dans le cerveau (c'est un peu comme créer l'image d'un arbre de Noël en éclairant seulement certaines fenêtres d'un immeuble). À côté de ces yeux impressionnants, on en trouve de semblables aux nôtres, avec cornée, cristallin et rétine. C'est le résultat d'une autre voie de l'évolution pour mettre en place un système de vision efficace, qui passe par les amphibiens, les reptiles, les oiseaux et les mammifères pour arriver à l'être humain, et qui est né sous les mers avec les poissons de la préhistoire, il y a des centaines de millions d'années. Ce sont des yeux très performants (la vision qu'ils produisent est excellente) et l'on peut s'étonner que des yeux aussi « modernes » soient apparus, avec leur anatomie de base, chez des animaux aussi primitifs et différents de nous. Il existe dans la mer un phénomène inconnu sur la terre ferme : c'est la forte diminution de lumière qui se produit quand la profondeur augmente. En effet, la lumière diminue de moitié tous les 7 mètres. Pour prendre une comparaison, imaginons un immeuble de 15 étages. Au dernier étage, on a toute la lumière, mais au 12e, on en a déjà moins de la moitié. Au 6e étage, on n'en a plus que 1/15e, et au 1er étage, 1/64e. Au rez-de-chaussée, il ne reste plus qu'une faible lueur crépusculaire. D'autre part, la perte de luminosité s'accompagne d'une disparition progressive des couleurs. Ainsi, au 5e étage, le jaune, l'orange et le rouge disparaissent, et tout devient bleu ou vert. Aux étages inférieurs, même le bleu s'estompe. Dans de telles conditions, les yeux doivent s'adapter. On le voit déjà avec les requins : ceux qui vivent en profondeur ont davantage les yeux tournés vers le haut. Plus on descend sous l'eau, plus les animaux ont de grands yeux susceptibles de capter la lumière. Lorsqu'on arrive dans l'obscurité totale, de nombreux poissons (et autres êtres vivants) utilisent une autre méthode, la bioluminescence, et « allument » leurs propres lumières, leurs propres lanternes. D'autres poissons arrivent à se passer complètement de lumière ; ils sont pratiquement aveugles et se servent de leur toucher, qui est particulièrement développé. Les poissons des abysses vivent dans un environnement difficile mais, en compensation, ils reçoivent du haut de la nourriture gratuite. C'est une « pluie » de matières organiques qui descend comme une manne et qui provient de tout ce qui meurt sans être dévoré. Les restes du banquet (qui peuvent être très consistants) parviennent au fond, et celui qui les décèle le premier est le mieux servi.

Page précédente, en bas à gauche : à l'âge adulte, la murène ponctuée peut dépasser 2,50 mètres de longueur.

Page précédente, en haut à droite, et ci-dessous : les blennies ont un aspect plutôt effrayant, mais elles ne sont pas beaucoup plus grandes qu'une allumette. Elles vivent retirées dans des trous en attendant la nourriture et, quand une proie passe à leur portée, elles bondissent comme des ressorts.

Ci-dessus : cette blennie ressemble à un poisson nettoyeur, mais c'est un prédateur qui joue sur son aspect inoffensif pour s'approcher des autres poissons et leur arracher des lambeaux de peau.

Contrairement à de nombreuses murènes, cette murène grise (*Siderea grisea*), photographiée à Zanzibar, n'attend pas qu'une proie imprudente lui passe devant, elle s'emploie à la dénicher. Elle glisse la tête dans les trous occupés par d'autres animaux et en déloge les occupants.

Ci-contre : le jour, cette blennie s'embusque dans des abris pas plus grands qu'un trou de serrure, où elle attend patiemment sa proie. La nuit, quand la mer est très chaude, certaines espèces de blennies sortent de l'eau pour se rafraîchir. Elles sont recouvertes d'un mucus qui conserve leur humidité et leur permet de dormir à l'air libre.

Ci-dessous : le poisson-loup ocellé ressemble à une anguille, mais il peut dépasser 2 mètres. Ses mâchoires sont puissantes et, contrairement à la plupart des poissons, dotées de molaires qui lui servent à mastiquer crustacés, mollusques et oursins.

QUELLE est la différence entre requins et poissons ? Les requins sont des poissons, bien sûr, quoique de type un peu particulier. Ils sont apparus sur Terre presque 200 millions d'années avant les dinosaures, c'est-à-dire il y a environ 400 millions d'années. Ils portent dans leur structure biologique des traces de cet archaïsme : un squelette cartilagineux et non osseux et pas de vessie natatoire (ce petit ballon interne qui, en se gonflant et en se dégonflant, aide le poisson à nager ou à se tenir immobile). C'est pour cette raison que beaucoup de requins doivent nager continuellement. À certains égards, toutefois, les requins sont étonnamment « modernes » : pour se reproduire, ils s'accouplent, puis les petits grandissent dans le corps de leur mère avant la naissance (certains naissent même avec un nombril). Chez la plupart des autres poissons, la femelle dépose des œufs que le mâle féconde par la suite. Durant la période de l'accouchement, la maman requin perd l'appétit, ce qui lui évite de manger ses propres enfants. Elle doit se tenir à l'écart des mâles qui ne renoncent pas, quant à eux, à dévorer tout ce qui passe à portée, enfants ou pas.

En haut, à gauche : l'otarie est un mammifère, un animal à sang chaud.

Ci-dessus : poisson osseux dans les eaux froides du Canada (*Ophiodon sp.*).

Ci-contre : le requin-taureau est un poisson cartilagineux. Le cartilage est une structure légère et souple (comme celle de nos oreilles) qui leur permet de flotter plus facilement.

Toutes les murènes naissent mâles pour devenir femelles par la suite. Celle qui figure sur la photo ci-contre, photographiée dans l'océan Indien, peut atteindre une longueur de 1,50 mètre. Elle passe sa journée à chasser de petites proies en se fiant plus à son odorat qu'à sa vue.

Page ci-contre : le poisson-loup ocellé (*Anarrhichthys ocellatus*) semble menaçant, mais c'est le typique mouton déguisé en loup. On peut le nourrir presque sans danger, comme un petit chien. Ce poisson est l'un des sujets préférés des plongeurs : il est grand, se réfugie toujours dans la même cachette où on le retrouve facilement, et, comme il reste souvent immobile, il est facile à photographier. Enfin, il ne craint pas l'homme et montre même une certaine curiosité.

À droite : le poisson-loup ocellé reste parfois fidèle à sa partenaire toute sa vie, et peut vivre plus de 20 ans. La femelle pond jusqu'à 10 000 œufs qui sont surveillés attentivement pendant trois mois. Les parents s'éloignent à tour de rôle pour ne pas laisser les œufs sans surveillance.

Ce poisson porc-épic à taches (*Diodon holocanthus Linné*) porte son salut dans son ventre. Il peut gonfler comme un ballon en avalant de l'eau. Grâce à sa peau très souple et à son absence de squelette, il peut grossir de façon spectaculaire.

Ci-contre : la squille-mante a des yeux extraordinaires : ses hémisphères oculaires sont divisés et chacun transmet des images séparées. Chaque hémisphère a 12 récepteurs différents pour les couleurs (alors que nous n'en avons que 3, pour le rouge, le jaune et le bleu). Ce système de vision très au point lui permet de distinguer les moindres détails et, surtout, d'évaluer exactement la distance qui la sépare de sa proie pour lancer une attaque éclair au moment opportun. Sa vitesse de frappe est vraiment terrible : 1/200e de seconde, une vitesse qui échappe à l'œil humain.

Page précédente : les animaux qui peuplent les abysses n'ont souvent que de très fines coquilles, car de telles profondeurs rendent difficile l'accumulation de carbonate de calcium. En revanche, près de la surface, beaucoup d'organismes ont des parties dures. Ils trouvent refuge dans des cachettes qu'ils ne quittent que pour se nourrir.

Ci-dessous : les murènes sont friandes de poulpes, mais ce sont des proies souvent difficiles à attraper, car les poulpes se glissent dans des trous pas plus grands que l'un de leurs yeux, et s'y agrippent avec une force telle qu'il est presque impossible de les en tirer.

Monstres aux aguets

L'une des techniques utilisées par les auteurs de films d'horreur pour effrayer les spectateurs est celle de l'attaque surprise. Un tueur embusqué dans un endroit sombre bondit tout à coup sur sa proie. C'est exactement ce qui se passe en permanence au fond des mers, où toutes sortes de poissons adoptent cette technique : la vive, la sole et la baudroie se cachent sous le sable, attendent qu'une innocente victime passe dans les parages et brusquement l'attrapent pour l'engloutir aussitôt. Elles retournent alors se cacher en attendant d'autres proies. De vrais serial killers !

D'autres prédateurs ont trouvé le moyen de se cacher sans avoir à s'enfouir sous le sable. C'est comme s'ils transportaient leur cachette avec eux, leur corps prend la couleur du fond ou de l'environnement dans lequel ils opèrent. On dit qu'ils possèdent des livrées cryptiques, même si, dans ce livre, on préfère parler de mimétisme (le mimétisme est la faculté de ressembler à un autre animal). Les grands prédateurs terrestres dont le succès s'appuie sur l'attaque surprise ont, eux aussi, leurs tenues de camouflage : les tigres, les léopards et même les lions, avec leur fourrure couleur de savane, se confondent avec la végétation et, discrètement, essaient de s'approcher le plus près possible de leurs proies ou de leur tendre des embuscades. La roussette (un petit squale) a une tenue de camouflage qui ressemble à celle du léopard ; elle s'installe au fond de l'eau, prête à l'attaque. Certains animaux arrivent à un tel degré de mimétisme qu'ils deviennent pratiquement invisibles : c'est le cas du requin-tapis barbu. Lorsqu'il est sur le fond, il ne ressemble absolument pas à un squale, ni même à un poisson, mais à une sorte de couverture aux dessins étranges, à un tapis. Sa tête est large et plate, bordée de barbes ressemblant à des franges ; sa bouche, au fort pouvoir aspirant, est garnie d'une collection de petites dents pointues. Les poissons ne sont pas seuls à devoir se méfier de ce squale ; les plongeurs eux-mêmes ont tout à craindre d'une bête pouvant atteindre 3 mètres de longueur.

Pages précédentes : la murène-ruban change de couleur avec le sexe et l'âge. Ses narines se dilatent en une large membrane en forme de parabole, dont la fonction est d'enregistrer les vibrations émises par les poissons qui, la nuit, s'en approchent imprudemment. L'odorat constitue son instrument de chasse puisque, comme toutes ses semblables, elle est pratiquement aveugle.

En matière de mimétisme, le champion reste le poulpe : non content d'adapter sa couleur à l'environnement, il est capable de la modifier lorsqu'il change de milieu, même si c'est un milieu artificiel. Ce petit prodige est rendu possible par les chromatophores qui sont des cellules colorées qui peuvent, grâce à des muscles, se dilater ou rétrécir. L'épiderme en compte plusieurs couches de couleurs différentes, de sorte qu'en se dilatant ou en rétrécissant, les cellules des couches supérieures cachent ou laissent apparaître les couches inférieures. Il existe au-dessous des couches réfléchissantes qui, comme des éclats de verre, produisent des couleurs iridescentes. Ces changements de couleurs ne sont donc qu'une succession de contractions et de relâchements musculaires. De cette manière, le poulpe peut non seulement s'adapter, mais également communiquer. S'il devient blanc, par exemple, cela veut dire qu'il est très en colère et agressif. Mais en dehors du rôle qu'il joue dans les techniques d'attaque, le mimétisme est également très utile dans les stratégies défensives. Presque tous les poissons, notamment, ont le dos plus sombre que le ventre, ce qui diminue leur visibilité sous l'eau. Vus du dessus, en effet, ils se confondent plus

Page précédente, en bas, de gauche à droite : un poisson-crocodile et un syngnathe.

Page précédente, en haut : un poisson-cobra (*Pterois volitans*).

Ci-contre : on voit surgir du sable les yeux d'une squille-mante. Sa technique de prédation est redoutablement efficace et fulgurante. La proie est empalée et déchiquetée. Les cigales et les sauterelles de mer font à peu près la même chose.

Ci-dessous : certains animaux sont encore peu connus, telle cette créature à peine plus longue qu'une allumette.

ou moins avec le fond, alors que vus d'en bas, ils offrent moins de contraste avec la lumière de la surface. Leur couleur argentée joue également le rôle d'un miroir en reflétant toute la gamme des couleurs. Bien des petits poissons sont transparents, ainsi que de nombreuses larves et une bonne partie du plancton. S'il vous avez regardé un fond marin avec un masque, vous avez constaté que certains poissons sont invisibles à une certaine distance. Leur couleur se confond avec le sable et ils ont l'air presque transparents. Pour tromper le prédateur, il existe une autre méthode : lui brouiller les idées ou se faire passer pour quelqu'un d'autre… L'une des images les plus fascinantes que l'on puisse voir sous l'eau est celle de ces grands bancs composés de petits poissons qui bougent tous simultanément et qui créent d'étranges nuages aux formes changeantes. Ils peuvent être des milliers à former ces bancs, se déplaçant de façon étonnamment synchronisée, comme s'ils étaient téléguidés. Cela déroute un prédateur, qui se retrouve face à quelque chose de gros, mais en même temps d'inconsistant, un genre de fantôme qui bouge et change sans cesse de forme. C'est la stratégie qu'adoptent également les étourneaux pour se défendre des faucons, lorsqu'ils forment de superbes « nuages ». Devant ces masses mouvantes, les prédateurs ont du mal à attaquer avec succès car la proie se dérobe sans cesse et a plus de chance de s'échapper dans la confusion ambiante. Il est aussi possible de se déguiser si l'on veut tromper un prédateur : avoir, par exemple, des taches qui évoquent un animal beaucoup plus gros.

À l'inverse, au lieu de se cacher, on peut se faire remarquer par des couleurs éclatantes qui signifient : « Attention, ne pas manger, animal venimeux ! » Le fin du fin : se parer des mêmes couleurs qu'un dangereux prédateur alors que l'on n'est absolument pas toxique…

À droite et ci-dessous : un gobie creuse son nid en recrachant de petits fragments de corail.

Ci-dessous : un poisson-serpent photographié dans les eaux de Zanzibar, en Afrique.

Page précédente : cette murène-ruban est encore jeune. Quand elle grandira, elle deviendra bleue. Puis elle se changera en femelle et prendra une couleur jaune d'or. Après s'être reproduite, elle deviendra violette et mourra au bout d'un mois. Elle ne possède pas d'écailles, mais elle est recouverte d'un mucus qui la protège des rochers et qui lui sert à consolider son nid.

Ci-contre : en symbiose avec le requin-tapis barbu, les petits poissons nagent autour de lui en sachant que peu de prédateurs auront le courage de s'approcher. De son côté, le squale profite de leur présence pour mieux se camoufler.

Page précédente : un poisson-serpent. Les narines sont comme deux antennes mobiles qui flairent l'eau pour y déceler la moindre trace de nourriture.

Ci-dessous : une squille-mante. Si l'on assiste à une attaque, on voit d'abord la squille-mante et sa proie, puis la proie disparaît sans que l'on puisse dire si quelque chose a bougé.

Ci-dessus : une murène-ruban (*Rhinomuraena quaesita*) la bouche grande ouverte, pour pomper l'eau et respirer. Sa longueur peut dépasser 1 mètre.

Ci-contre : un serpent de mer rôde parmi les rochers en flairant des proies éventuelles. Sa tâche est facilitée par un odorat prodigieux.

Poissons suceurs

La bouche n'est pas toujours faite pour déchirer, déchiqueter, mastiquer ou broyer. On sait que les baleines se servent de leurs fanons comme de peignes pour retenir la minuscule faune aquatique à la manière d'une épuisette. Mais il existe d'autres solutions originales comme celle des poissons « suceurs ». Le poisson-trompette, par exemple, qui aspire ses minuscules proies avec sa longue bouche, ou le syngnathe qui suce sa proie en un dixième de seconde, de la même manière que nous buvons une boisson avec une paille. Quant aux hippocampes, appelés également chevaux marins, ils utilisent le même système, mais ils aspirent avec une telle force qu'ils brisent le dos de leurs proies.

Ci-contre, à gauche et à droite, et ci-dessous : les poissons-trompettes, poissons-flûtes et syngnathes restent immobiles la plupart du temps, tels des bâtons ou des branches, et s'approchent de leur proie très lentement. Puis, lorsqu'ils se trouvent à portée de « succion », ils entrent en action comme de puissants et bruyants aspirateurs. On remarquera, sous le ventre du syngnathe (ci-contre, à droite) une précieuse cargaison d'œufs.

Ci-dessus : une bouche aussi allongée autorise des manœuvres impossibles autrement, comme aspirer une proie cachée au milieu des coraux.

Ci-dessous : certains poissons se sont adaptés à la vie sous-marine en se cachant sous le sable et en ne laissant dépasser que les yeux. Par ailleurs, la mer est un milieu plein d'embûches où le danger peut surgir de n'importe où. En se plaquant sur le sable, comme ce turbot tropical, l'animal peut au moins protéger son ventre. Dès qu'il se sent menacé, il se recouvre de sable et disparaît. Les soles, quant à elles, en dilatant ou rétrécissant leurs cellules à pigments colorés, changent de couleur pour se confondre avec le sable.

Page suivante : les poissons-chats se déplacent souvent en bancs dont les contours rappellent la forme de poissons plus gros. Cette illusion d'optique suffit à éloigner bon nombre de prédateurs.

Il existe des squales « plats » qui vivent immobiles au fond de l'eau, parfaitement camouflés. Ce sont les raies, parentes des requins, qui se sont aplaties et installées sur le fond à un moment de leur évolution. Elles ont l'avantage, contrairement aux gros requins et aux mantas, de ne pas devoir nager pour respirer. Elles peuvent rester immobiles en aspirant l'eau par leur spiracle (le trou placé derrière les yeux).

Ce gobiidé a des yeux vraiment particuliers : quand l'un regarde vers l'avant, l'autre peut regarder vers l'arrière. Il les tient grands ouverts même lorsqu'il dort, car il n'a pas de paupières et ne peut donc fermer les yeux, de même que nous ne pouvons pas fermer les oreilles.

Cuirasses en miniature

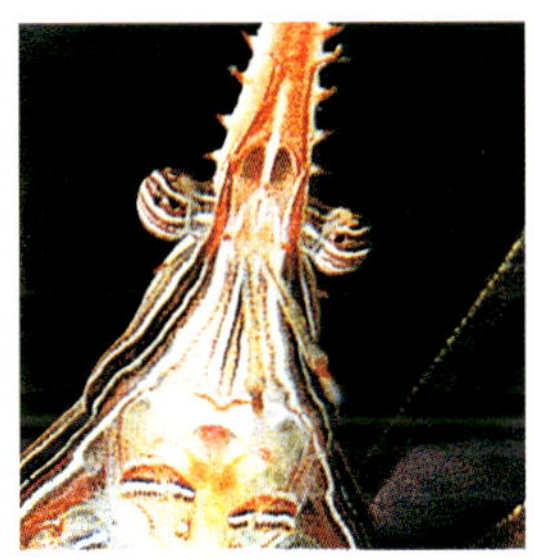

Les crustacés sont les animaux qui nous sont le plus étrangers et qui ressemblent le plus aux monstres des films de science-fiction. Tels d'immenses insectes, ils ont une caractéristique qui les situe d'emblée dans un univers différent : ils n'ont pas de squelette, mais sont recouverts d'une carapace. C'est le contraire des vertébrés : les os sont, pour ainsi dire, à l'extérieur et constituent ce que l'on appelle l'exosquelette. Ces carapaces sont très différentes selon les types de crustacés. Certains d'entre eux possèdent des pinces. Celles du homard sont énormes et peuvent, telles des cisailles, couper un doigt.

CES PINCES utilisent le principe du levier et se sont adaptées aux besoins les plus divers. Celles des crabes, par exemple, ressemblent aux pinces d'électricien, alors que les crustacés plus petits ont des pinces de formes différentes dont certaines peuvent faire penser à des ciseaux de pédicure. L'exosquelette est fait de plusieurs parties articulées, comme les cuirasses des guerriers du Moyen Âge ; il est parfois hérissé de piquants et constitue une bonne défense contre les prédateurs. Le problème est qu'en grandissant, ces crustacés doivent changer de carapace et traversent ainsi une période où ils sont très vulnérables. Certains, comme la langouste, ont de longues antennes qui font office d'organes sensoriels mobiles car elles sont sensibles aux stimulations extérieures. La carapace elle-même, d'ailleurs, est sensible au toucher, en particulier les pinces. Sur les antennes (et à plusieurs autres endroits), on trouve des poils tactiles avec des fibres en forme de plumes qui sont le prolongement de la cuticule et qui sont reliées aux cellules nerveuses. On trouve aussi sur les antennes (et sur d'autres parties du corps) les récepteurs chimiques du goût et de l'odorat ; les crustacés peuvent ainsi, en explorant leur environnement, « flairer » à distance la nourriture (ou les ennemis). Certains crustacés ont des pattes démesurément longues, comme le *Macrocheira kaempferi* du Japon, de la famille des araignées de mer, qui peut dépasser 3 mètres d'une extrémité de patte à l'autre. C'est un animal impressionnant que l'on peut souvent trouver dans les vitrines des musées d'histoire naturelle. La variété des formes chez les crustacés est extraordinaire, et pas seulement pour ce qui est des « variations sur un thème » (chélates se terminant par des spatules et non par des pinces), mais surtout par la diversité de fonctions qu'elle recouvre. En regardant nager des crevettes, on a l'impression de voir passer une galère romaine aux mouvements de rames bien synchronisés. Or, chez les crustacés, les pattes (ou, plus précisément, les appendices) peuvent avoir des fonctions très diverses. Imaginons un mille-pattes dont chaque paire de pattes aurait à jouer un rôle particulier. Certains de ces appendices, en effet, sont chargés de la locomotion ; d'autres (nous l'avons vu) sont des antennes sensorielles ; d'autres encore servent à attraper les proies ou à respirer, ou à

Pages précédentes : les chélates de certains crustacés sont fixés par des joints à détente. Si la détente est actionnée, les pinces agissent comme des ressorts, bien plus vite que si elles étaient reliées à des muscles. Le petit crabe est capable de grimper sur le crinoïde comme un singe et de se cramponner à la tige comme un koala.

retenir les œufs. Certains sont devenus des plaques mobiles et servent de mandibules. D'autres enfin, en forme d'éventail, jouent le rôle de nageoires. Les écrevisses en possèdent 19 paires, avec des fonctions différentes. Parmi les crustacés, certains ont des habitudes curieuses, comme le bernard-l'ermite qui vit dans une coquille dont il se sert comme d'un refuge fortifié. Cette coquille, il la choisit avec soin et selon des critères très précis, parmi la variété de toutes celles qui s'offrent à lui. Il la tourne ensuite entre ses pinces pour en évaluer le poids, puisqu'il va devoir la porter sur son dos. Il entre alors dans cet habitacle pour en mesurer la taille et l'accessibilité. Pour finir, si la coquille lui plaît, il nettoie l'intérieur en évacuant les restes qui s'y trouvent encore.

Il détache alors une anémone de mer et l'installe sur la coquille. Celle-ci va jouer un rôle défensif, car elle possède des filaments urticants (auxquels le bernard-l'ermite est insensible) qui tiennent les prédateurs à distance. En échange, le bernard-l'ermite transporte gratuitement l'anémone qui peut ainsi changer d'endroit pour se nourrir. Le bernard-l'ermite est plutôt petit, une dizaine de centimètres tout au plus. Mais il en existe de plus gros qui atteignent la taille d'un chat. Ils vivent hors de l'eau et peuvent déraciner un cocotier avec leurs pinces.

Bon nombre d'animaux marins possèdent un exosquelette, ou se servent de carapaces ou de plaques protectrices. Deux d'entre eux, au moins, méritent d'être signalés : la *Squilla mantis* et l'ophiure. La *Squilla mantis* fait penser à une mante religieuse version marine, les antérieurs repliés comme un boxeur en position de défense, prêt à porter un coup. Elle vit dans des trous d'où elle jaillit brusquement au moment opportun, comme un diable de sa boîte. L'ophiure, quant à elle, appartient à la famille des étoiles de mer, et possède de très longs bras articulés en exosquelette à plaques. Mais, contrairement à l'étoile de mer, elle se déplace vite grâce à ses bras très souples qui, en outre, peuvent se régénérer en cas d'amputation ou se ramifier, donnant ainsi l'illusion d'un entrelacs de racines. Un mimétisme bien utile pour se protéger des prédateurs.

Page précédente, de gauche à droite : des poissons-fantômes arlequins (*Solenostomus paradoxus*) et gros plan d'un hippocampe.

Cette double page : il faut un œil exercé pour distinguer les animaux qui se cachent dans ces récifs coralliens.

En haut, à gauche : un crustacé se montre derrière un corail mou.

Ci-dessus : un *Discotrema crinophilia* et un autre poisson ressemblant à une petite murène se réfugient parmi les bras et les pinnules d'un crinoïde, qui forment comme une forêt en miniature.

Ci-dessous : les crustacés sont la version marine des insectes, car ils concentrent et transforment l'énergie trouvée dans les plantes en quelque chose de comestible pour d'autres animaux. À voir cette crevette, on remarque sa ressemblance avec une sauterelle.

Ci-dessus : un crabe en tenue de « carnaval », photographié en Papouasie-Nouvelle-Guinée.

Comme beaucoup de crabes, cette galathée est capable pour survivre, si un prédateur l'attrape, de s'amputer volontairement un membre, grâce à des muscles spéciaux, et de le lui abandonner. Le sacrifice est important, mais la mutilation n'est pas définitive : en peu de temps, la patte va repousser, comme une queue de lézard. En Floride, les éleveurs de crabes bien plus gros, recherchés pour leur chair, exploitent ce mode de défense original pour augmenter la production. Ils font attaquer le crabe par un prédateur, le poussant à se séparer « spontanément » de ses pinces pour les vendre. Puis ils le remettent à l'eau en attendant que les membres repoussent, et peuvent répéter l'opération.

Bien des crustacés, comme cette galathée de Wally (*Lauriea siagiani*), sont rouges, car cette couleur se voit mal sous l'eau. Quelques mètres au-dessous de la surface, ce petit crabe est pratiquement invisible.

Ci-contre : ces crevettes ont trouvé un abri tranquille dans les bras de ce crinoïde, un invertébré parent des oursins.

Ci-dessous : le crinoïde a un gros avantage, c'est qu'il n'a presque pas d'ennemis. Son corps étant surtout fait de calcaire, il n'est pas très appétissant.

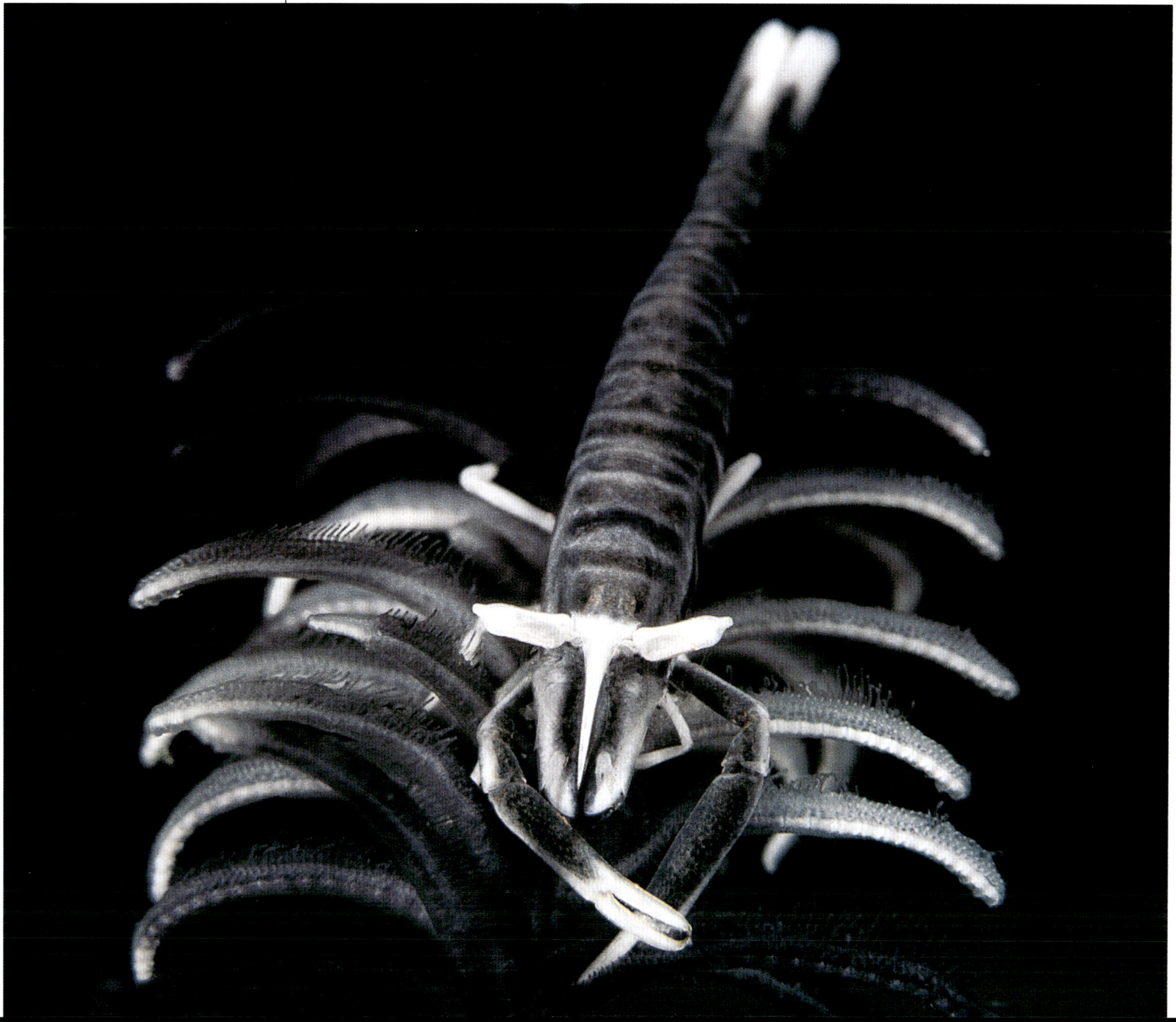

Ci-contre : les animaux changent de masse, de forme, de taille et de physiologie selon les principes de la sélection naturelle et, en général, dans le sens d'une meilleure adaptation au milieu. Qui sait par quels stades de l'évolution sera passé ce nudibranche, rarement photographié, pour ressembler à une créature imaginaire ? Pourtant, ce n'est qu'une curieuse variante de la limace de mer.

Ci-dessus : un crustacé étrange sur une éponge. C'est la galathée de Wally (*Lauriea siagiani*).

Pourquoi des couleurs ?

LA VIE SOUS LES MERS présente une contradiction apparente : alors que la lumière diminue de moitié tous les 7 mètres et que les couleurs s'atténuent rapidement et finissent par disparaître, beaucoup de poissons et autres créatures marines sont colorés très vivement, même là où il fait sombre. Comment l'expliquer ? D'abord, il est sûr que beaucoup de ces poissons colorés – notamment ceux des barrières de corail – vivent dans des eaux lumineuses et peu profondes. Leurs couleurs servent à communiquer certaines informations telles que le sexe, l'âge, la disponibilité à l'accouplement, la parade amoureuse, l'agressivité, etc. Elles jouent le rôle de sémaphores et indiquent s'il est bon de s'approcher ou pas. Comme chez les mammifères, certaines espèces de poissons (comme le requin blanc) voient mieux les couleurs que d'autres, car leur rétine comporte plus de cônes que de bâtonnets. C'est le contraire chez certains qui, eux, ont une vision mieux adaptée aux conditions d'obscurité. Souvenons-nous, enfin, que le rouge vif de certains habitants des fonds peu éclairés sert de camouflage. Des écrevisses rouges semblent noires à une certaine profondeur et se confondent avec le fond.

Ci-dessus, à droite : pas plus grand qu'un haricot, ce petit crabe vit sur les crinoïdes où il grimpe comme un singe ou se cramponne comme un koala. Ci-dessous : le poisson-fantôme arlequin est très mauvais nageur. Il se cache et attaque par surprise, aspirant les minuscules organismes.

Ci-dessus, à gauche : les longues antennes de cette crevette sont sa défense. Si on les effleure, l'animal disparaît instantanément. De même que les couleurs, ces antennes indiquent aux poissons de passage que la crevette est prête à prendre des clients pour un nettoyage de la tête ou de la bouche. C'est comme l'enseigne d'un dentiste ou d'un coiffeur. Le poisson qui désire ce service s'arrête, penche la tête et ouvre la bouche. Le traitement commence. La crevette, sachant qu'elle y est autorisée, commence à se balader tranquillement sur le museau et dans la bouche de son « client », en débarrassant ces endroits de leurs parasites et des bouts de peau morte ou malade.

Deux crabes-flèches photographiés lors d'une rencontre très serrée : bagarre ou accouplement ?

Entre autres fonctions, les yeux des crustacés ont celle de produire des hormones. Les aquaculteurs font parfois reproduire les crevettes élevées pour leur chair en leur ôtant un œil. Cette mutilation favorise la synthèse d'hormones sexuelles et, par conséquent, la reproduction.

Les poissons-fantômes arlequins (*Solenostomus paradoxus*) vivent souvent associés à des crinoïdes, des éponges et des gorgones. Ils prennent la couleur de leur environnement et vont souvent par couples. Leur tête occupe plus du tiers de leur longueur totale, et la femelle est plus grande que le mâle.

Bouches et dents

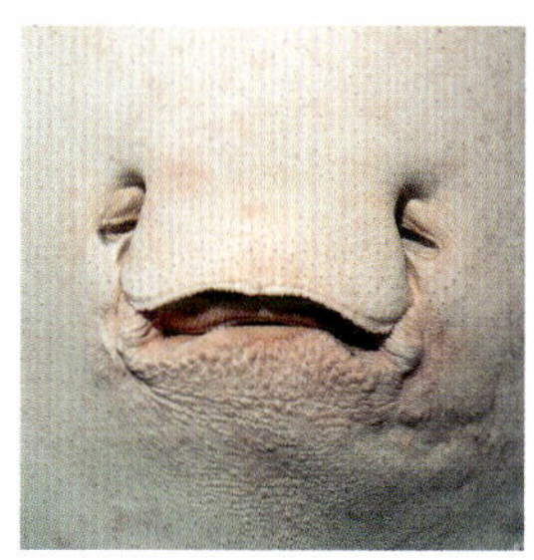

« Manger d'abord, philosopher ensuite » est un dicton qui, dans la nature, ne se vérifie que dans sa première moitié. Car c'est manger qui représente la grande priorité, avec, bien entendu, celle de se reproduire (et de ne pas se faire manger). L'univers des animaux les plus simples, et en particulier les animaux marins, est contenu tout entier dans cette nécessité primordiale, et l'instrument qui exécute cette tâche essentielle, c'est la bouche. L'évolution en a créé de nombreux modèles, dont les formes sont très différentes selon les types de nourriture et de prédation pratiqués.

De la même façon qu'un menuisier se sert, selon ses besoins, d'un pointeau, d'un marteau, d'une scie, d'un rabot ou de tenailles, les poissons peuvent avoir une bouche qui, selon le cas, aura la forme d'un piège, d'une lame, d'un bec, d'un tuyau, d'une ventouse, etc. Des êtres humains avec des bouches analogues seraient parfaitement terrifiants. Pourtant, cette variété de formes montre toute la richesse et la force de la nature. Chaque type de bouche représente la meilleure solution retenue pour mener à bien cette mission essentielle à la survie : manger. La gueule la plus célèbre (et la plus impressionnante) qui se déplace sous l'eau est, à coup sûr, celle du requin blanc. Ce requin, qui tient la vedette d'une série de films, est devenu un vrai monstre des mers, on peut même dire le monstre par excellence. Ses énormes mâchoires hérissées de dents semblables à des poignards, capables de dévorer un homme entier, ont terrorisé des millions de spectateurs à travers le monde. Peu de gens savent que le plus gros requin capturé à ce jour ne l'a été ni en Australie ni en Afrique du Sud, mais près de Malte, en Méditerranée. Il faisait 7 mètres de long et possédait des dents triangulaires impressionnantes. On soupçonne d'ailleurs que dans cette zone du détroit de Sicile existe un lieu de reproduction de ces requins blancs. Les mâchoires de ce grand prédateur ne sont rien, en tout cas, à côté de celles de l'un de ses ancêtres, le *Carcharodon megalodon*. Cet animal, qui a vécu entre 25 et 2 millions d'années avant notre ère, atteignait probablement 14 mètres de longueur et possédait des dents de la taille d'une main. Les requins n'ont d'ailleurs pas tous les mêmes mâchoires : l'immense requin-baleine est édenté et se nourrit de plancton et de petits animaux. Le requin-nourrice, quant à lui, a de petites dents en forme de crochets. Même le requin-marteau, qui exhibe pourtant une dentition effrayante faite de poignards disposés un peu en désordre, ne mange que des poissons de taille modeste. Chaque forme de bouche, chaque dentition est façonnée en fonction de la proie, faite sur mesure pour que la chasse soit le plus efficace possible. Les requins blancs utilisent des « couteaux de cuisine » ; d'autres, des « couteaux et fourchettes » ; d'autres encore, des « clous » qui immobilisent les proies ou des « petites fourchettes » servant à avaler les proies entières. Certains, enfin, ont des « casse-noix » ou des « tenailles » pour broyer plaques et carapaces. En matière de dentition, il existe encore plus impressionnant que les requins. Le cachalot, un vrai géant des mers, possède entre 40 et 50 dents d'une taille pouvant atteindre 25 centimètres et 500 grammes l'une. Ce sont de véritables crocs, mais placés curieusement sur la seule mâchoire inférieure. Dans la partie supérieure sont ménagés des trous en correspondance avec les dents : un système efficace pour capturer et retenir les calmars géants que le cachalot pêche dans les profondeurs. Les baleines, c'est bien connu, ont des fanons à la place des dents. Ces fanons sont

Pages précédentes : dans les eaux glacées de Colombie-Britannique, au Canada, vivent des créatures insolites et très colorées comme ce poisson aux teintes éclatantes (*Hemilepidotus sp.*).

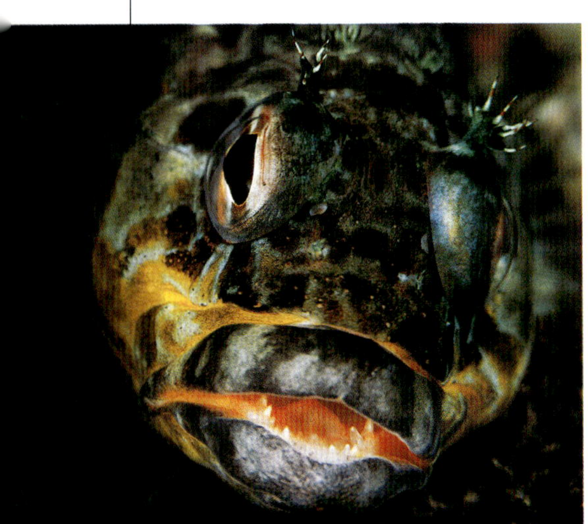

Page ci-contre, en bas à gauche : premier plan pris aux îles Galápagos.

Page ci-contre, en bas à droite : il y a les requins qui réfléchissent avant de mordre et ceux qui réfléchissent après. C'est le cas de ce requin-mako : peu après cette photo, au large de San Diego, il choisit le flash plutôt que le bras de Recchi, et il n'aima pas cela du tout !

Page ci-contre, en haut : elle a des « cornes », elle pond des œufs, n'a pas d'écailles et ne sait pas nager ; pourtant, la blennie est un poisson de la taille d'une allumette qui frétille dans l'eau.

En haut : le requin-tapis barbu passe sa vie posé sur le sol, en attendant qu'une proie passe à sa portée. Les appendices disposés près de sa bouche lui servent de camouflage, mais sont aussi des organes sensibles.

En bas : un crocodile peut dépasser 7 mètres de longueur, et l'homme fait partie des proies qu'il peut tuer et dévorer.

une modification des branchies, adaptées pour retenir le plancton à la manière d'une épuisette. Une épuisette très efficace puisqu'elle peut retenir des tonnes d'organismes vivants, nécessaires pour nourrir ce colosse. Sous les mers, on trouve des bouches de toutes sortes. Il y a les bouches « à tout faire », comme celles des crabes qui possèdent des plaques avec lesquelles ils écrasent tout ce qui passe à portée : détritus, cadavres, particules, algues, qu'ils saisissent avec leurs pinces monstrueuses. Il y a les bouches aspirantes, comme celles du poisson-trompette ou du syngnathe qui aspire sa proie en un dixième de seconde, comme avec une paille. L'hippocampe lui aussi utilise un système analogue, mais il aspire avec une telle force qu'il brise le dos de ses proies. Les murènes également ont des bouches larges et inquiétantes, avec des dents en forme de clous. Leur morsure peut être dangereuse non pas à cause d'un venin particulier, mais parce que les dents sont infectées (voir p. 62 et 73). L'une des bouches les plus monstrueuses reste celle de la lamproie ; elle a la forme d'un entonnoir au fond duquel se trouve la bouche proprement dite, fermée par une langue « à piston ». Elle est garnie de centaines de petites dents qui lui servent à cramponner sa proie et à lui sucer le sang. Un éperon lui perce la peau et injecte un anticoagulant. Le sang est aspiré à satiété, après quoi la lamproie se détache, telle une sangsue. N'importe quel animal peut être attaqué de la sorte et y laisser sa peau (il existe aussi une version d'eau douce de la lamproie, dont de beaux spécimens vivent dans nos fleuves). Mais il y a plus effrayant encore sous la mer, ce sont les mâchoires des crocodiles marins. De belle taille (ils peuvent atteindre 7 mètres), ces animaux sont très agressifs. En haute mer, ils se battent avec les requins et jouent, selon le cas, le rôle de prédateurs ou celui de proies. Ils ont une préférence pour les estuaires, que ce soit en Australie ou dans les régions entre océan Indien et océan Pacifique. Comme les requins, ils possèdent des dents pointues pour saisir leur proie, dont ils déchirent ensuite la chair en secouant la tête. Ils peuvent aussi rouler sur eux-mêmes pour accentuer l'effet de cette secousse. Ce faisant, ils courent le risque de se casser des dents, ce qui est plus grave que pour les requins qui ont, eux, des dents de rechange prêtes à remplacer celles qu'ils peuvent perdre lors de leurs attaques (même si la repousse est assez lente). La supériorité des crocodiles sur tous les autres « monstres » marins tient dans leur métabolisme très lent qui leur permet de rester très longtemps sans manger.

Pages précédentes : le poisson-crocodile s'installe immobile au fond de l'eau et attend que sa proie passe devant lui.

Ci-dessus : au lieu de se camoufler en changeant la couleur de leur peau, les crocodiles préfèrent se tapir dans des endroits propices, puis, le moment venu, porter leurs fulgurantes attaques.

Ci-dessus et ci-contre : tortues et crocodiles sont des reptiles qui déposent leurs œufs sur la terre ferme. La tortue femelle protège ses œufs (de 30 à 80) avec une grande détermination. Dès qu'un petit sort de l'œuf, elle l'emmène dans l'eau en le tenant délicatement entre ses dents. Le sexe de la future tortue dépend de la température : un écart d'un degré peut donner un mâle au lieu d'une femelle.

SI L'ON RESTE la tête sous l'eau trop longtemps, on meurt noyé ; les poissons, non. Comment font-ils ? On pourrait, bien sûr, inverser le problème et dire que ce sont les poissons qui « se noient » s'ils gardent trop longtemps la tête hors de l'eau. En tout cas, hommes et poissons ont besoin d'oxygène pour survivre. La différence réside dans l'« instrument » utilisé pour récupérer cet oxygène et le faire passer dans le sang. Les poissons ont un système très différent du nôtre : à l'aide de leurs branchies, ils peuvent capter et assimiler les molécules d'oxygène contenues dans l'eau (bien moins nombreuses que celles que l'on trouve dans l'air). Le système fonctionne car le poisson, en se déplaçant, filtre assez d'eau pour « respirer ». S'il est immobile, il peut agiter l'eau avec la bouche. Certains poissons primitifs comme les raies, qui passent la plupart du temps immobiles au fond de l'eau, ont un spiracle derrière la tête pour aspirer l'eau et capter l'oxygène nécessaire.

Ci-contre : les tortues mangent des algues et des petits poissons, mais elles sont également friandes de méduses. Hélas, elles prennent parfois des sacs en plastique pour des méduses et s'étouffent avec.

Ci-dessus : les trous situés près de la bouche de cette raie sont des narines. Elles ne servent pas à respirer mais à sentir les odeurs. **Ci-dessous :** gros plan d'un poisson-clown.

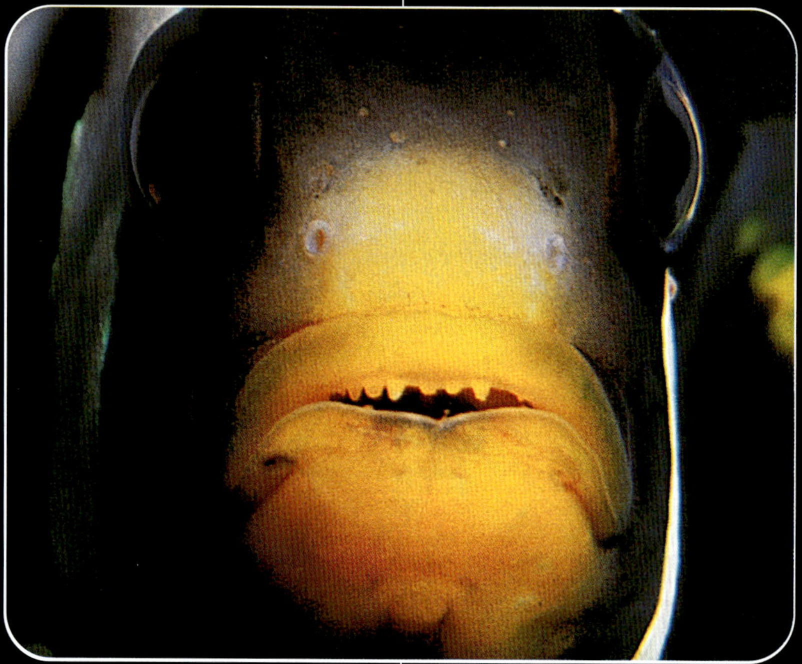

Pour chaque espèce animale, la survie signifie trois choses : manger, ne pas se faire manger et se reproduire. Le problème est que pour ne pas se faire manger, mieux vaut ne pas être vu, alors que pour se reproduire, il faut être bien visible (et, pourquoi pas, séduisant). Se camoufler, ou prendre la couleur du fond, peut être une solution. C'est celle qu'a choisie ce poisson-lézard tacheté.

Sur cette page : sur le front des antennariidés pendent des excroissances qui sont autant d'appâts pour les petits poissons. Lorsqu'ils s'approchent pour les manger, ils sont engloutis par une bouche qui se dilate et atteint, en un instant, douze fois sa taille.

Page ci-contre : le poisson-cobra. Il a les ailes d'une chauve-souris, le museau d'un bouledogue et les couleurs d'un perroquet.

Ci-contre : les tortues sont des animaux solitaires qui ne se rencontrent que pour s'accoupler. Elles respirent l'air mais passent leur vie sous l'eau, et seules les femelles adultes viennent à terre pondre leurs œufs. Les jeunes mangent surtout des méduses et autres créatures remplies d'eau comme les caravelles portugaises ; vers quatre ans, elles ajoutent à leur régime éponges et crustacés. La petite tortue de la photo vient de naître et n'est pas plus grosse qu'une prune. Adulte, elle pourra dépasser 1,20 mètre de longueur.

Ci-dessous : les fonds marins sont souvent très peuplés. Oursins, anémones de mer et ophiures se disputent ici quelques centimètres carrés. Tous sont des échinodermes, animaux exclusivement marins dont il ne reste que cinq groupes principaux : les étoiles de mer, les oursins, les crinoïdes, les holothuries et les ophiures. Il en existait vingt ou trente au début du paléozoïque, mais un changement brutal des conditions de vie à la fin de cette période a provoqué la disparition de plus de 96 % des espèces vivantes de cette sorte.

Ils sont cousins des nudibranches, sont gros comme des ballons de football et très mous. On les appelle lièvres de mer, même s'ils sont aussi lents que des limaces. Les « spaghettis » au premier plan sont formés de millions d'œufs, fruit de leur rencontre hermaphrodite.

Les géants de la mer

Depuis des millénaires, mythes, légendes et récits de marins sont peuplés de monstres à l'aspect terrifiant et d'animaux de taille colossale, surgis soudain du fond des mers pour couler les bateaux ou dévorer baigneurs et naufragés comme des tueurs sans pitié. Il est possible que cela relève d'une tendance bien humaine à laisser libre cours à l'imagination. Tout ne serait donc que le fruit d'inventions, de créations fantaisistes ? N'existe-t-il pas, tout au fond des océans, des créatures aux dimensions extraordinaires que l'on n'aurait pas encore découvertes ?

Depuis l'époque des trirèmes grecques ou des voiliers du capitaine Cook, nous avons acquis une connaissance bien meilleure des animaux qui peuplent mers et océans, et beaucoup de récits et de témoignages mystérieux venus du passé ont trouvé aujourd'hui une réponse. Les océans abritent en effet des animaux vraiment gigantesques qui passionnent nombre de savants. Commençons par le poisson le plus grand : il dépasse 14 mètres. Si l'on sait qu'en plus il s'agit d'un requin, c'est encore plus inquiétant. Heureusement, il est inoffensif, c'est un « bon géant ». Il s'agit du requin-baleine (*Ryncodon typus*). Sa bouche a la taille d'un coffre de voiture ouvert, mais ses dents (il en a des milliers) ne sont pas plus grosses que des clous de tapissier. Comment expliquer cela ? En fait, les dents sont atrophiées car le vrai régime du requin-baleine est le plancton qu'il piège grâce au filtre que constituent ses branchies. On peut l'apercevoir dans les mers tropicales, nageant paresseusement à la surface, la bouche grande ouverte. C'est un beau requin au corps tacheté qui nage avec des mouvements lents, mais on sait peu de choses de lui. On ne sait pas si l'espèce est menacée, combien il existe d'individus, comment se passe la parade amoureuse, et l'on sait encore moins où il se réfugie lorsqu'il plonge dans les profondeurs de l'océan. Parmi les géants des mers, il existe un autre requin qui fréquente nos latitudes. C'est le requin pèlerin (*Cetorhinus maximus*) qui peut mesurer 10 mètres. Son énorme nageoire dorsale émergeant de l'eau fait vraiment peur à voir, et lorsque l'on en croise ou que des marins en pêchent un accidentellement (sa chair n'est pas très prisée) les photos finissent dans les journaux, assorties de commentaires alarmistes injustifiés, car lui aussi est inoffensif et se nourrit de plancton comme le requin-baleine. Ce que peu de gens savent, en revanche, c'est qu'à quelques kilomètres à peine des plages bondées du monde entier, et notamment des plages italiennes, circulent d'autres colosses des mers, les rorquals et les cachalots. Une chasse incontrôlée en a réduit le nombre, mais il n'est pas rare d'en rencontrer dans des endroits très fréquentés, comme entre Gênes et la Corse où il existe un véritable sanctuaire de cétacés. Les baleines sont effectivement les vrais géants des mers ; un rorqual bleu peut atteindre 30 mètres, autant et plus qu'un dinosaure. Ces animaux ne cessent jamais de grandir même si, avec l'âge, ils ont plutôt tendance à se fortifier. Leur croissance ne s'arrête qu'avec la mort. Et puisque l'on parle de baleines colossales, comment ne pas penser à Moby Dick, la légendaire baleine blanche ? Est-ce que ce fut un « monstre » né de l'imagination d'un romancier ? En fait, Melville n'a rien inventé du tout. Durant la période qui précéda la sortie du livre, semble-t-il, c'est-à-dire vers le milieu du XIXe siècle, en pleine époque des baleinières, un de ces animaux devint légendaire chez les pêcheurs à cause de sa taille et de son agressivité. C'était un cachalot, appelé Moby. Melville s'est ainsi

Pages précédentes : s'il existe un mammifère qui ne craint vraiment personne, c'est bien l'orque. Son nom est déjà tout un programme. C'est un carnivore qui mange tous les jours 250 kilos de viande (poissons, calmars, pingouins, mammifères) et qui, lorsqu'il cherche sa nourriture, peut parcourir 150 kilomètres en une journée.

inspiré de faits réels, même s'il y a ajouté son imagination d'écrivain. Soulignons aussi que les cétacés, comme d'autres animaux, peuvent devenir très dangereux lorsqu'ils sont blessés et que leur taille multiplie encore leur capacité de nuire. On connaît de nombreux cas de bateaux qui ont fait naufrage après avoir été attaqués, sans raison apparente, par des baleines. Il est facile d'imaginer comment, dans l'Antiquité, ce type d'événement a pu faire naître des légendes dans lesquelles d'énormes monstres coulent des bateaux entiers en tuant tout l'équipage. Mais, de tous les géants des mers, le calmar géant est encore celui qui a le plus frappé les imaginations. Jules Verne en fit un personnage de *Vingt mille lieues sous les mers*, et les sagas nordiques parlent du terrible Kraken, capable de tirer les voiliers vers le fond avec ses tentacules. Contrairement à ce que l'on pourrait penser, non seulement le calmar géant existe bel et bien, mais il est peut-être encore plus grand que ne l'ont imaginé les romanciers. Il vit au fond des abysses et c'est la dernière grande créature de la planète qui reste à découvrir. Jusqu'à maintenant, on n'a retrouvé dans l'estomac de cachalots que des restes de tentacules ou des jeunes déjà morts et décomposés, portés sur une plage par les vagues. La taille de ces jeunes spécimens, conservés dans des instituts de recherche, est impressionnante car elle dépasse 3 mètres. Quelle peut être alors la taille d'un adulte ? Personne ne le sait, puisqu'ils vivent cachés dans les sombres profondeurs de l'océan. Nous avons interrogé le grand expert Clyde Roper, au Musée d'histoire naturelle de la Smithsonian Institution à Washington ; il estime que l'animal peut en théorie dépasser 18 mètres et mesurer peut-être deux fois plus. D'autres scientifiques envisagent une taille encore plus importante. On a organisé plusieurs expéditions dans le but de l'observer dans son milieu naturel, les abysses, à l'aide de submersibles ou de caméras fixées sur le corps de cachalots (prédateurs des calmars géants). Le tout en pure perte. Il faut donc nous limiter aux témoignages de marins s'abritant pour allumer une cigarette ou de navigateurs solitaires qui les ont aperçus, la nuit, nageant le long de l'embarcation avec des yeux comme des assiettes et des tas de « lumières » sur le corps (pour une créature des abysses, l'existence d'organes bioluminescents est tout à fait plausible). C'est vraiment le dernier géant encore à découvrir, issu d'une évolution sous-marine de plusieurs millions d'années.

Page ci-contre, en bas : le souffle d'une baleine franche.

En haut, à gauche : deux requins (*Carcharinus perezi*) photographiés aux Bahamas.

Ci-dessus : les dauphins de Risso sont des cétacés, des mammifères comme les dauphins et les baleines, mais moins bien connus. On sait qu'ils vivent en groupes et qu'ils mangent des calmars, mais on ne sait rien de leur mode de vie, de leur longévité ni de l'origine des traces sur leur peau. Ils nagent pourtant près de nos côtes, mesurent jusqu'à 3 mètres et pèsent le poids de 5 personnes.

Ci-contre et ci-dessous : on l'appelle parfois diable des mers, mais la manta n'a rien de diabolique. C'est même l'une des plus belles rencontres que l'on puisse faire sous l'eau. C'est un poisson cartilagineux qui, pour devenir plus agile, est devenu plat et a développé deux paires d'ailes qui lui permettent de voltiger avec la grâce d'un héron.

Bien que carnivore, la manta ne mange pas de poissons. Elle se nourrit des minuscules animaux du plancton en suspension dans l'eau et difficiles à attraper (imaginons qu'il faille manger un risotto dispersé dans une grande pièce). La solution est d'ouvrir la bouche en grand et d'avaler beaucoup d'eau pour la filtrer ensuite, comme avec une passoire.

Les baleines sont des mammifères qui respirent de l'air et soufflent des jets de vapeur d'eau de la taille d'une maison de deux étages.
Il y a quelques millions d'années, elles ne nageaient pas dans l'eau, mais paissaient sur la terre ferme, entre lagunes et marais.
Leur ancêtre est le même que celui des moutons. Puis, à un moment de leur évolution, elles ont préféré le plancton à l'herbe et se sont adaptées à la vie aquatique.
Leurs membres ont néanmoins des phalanges en forme de doigts et, à la naissance, elles ont encore du poil sur le corps.

Un aller-retour, c'est ce qui pourrait le mieux définir l'itinéraire des cétacés (baleines, cachalots, orques, dauphins, etc.). Ces animaux sont, en fait, des mammifères au même titre que les éléphants, les vaches ou les chiens. Alors, pourquoi vivent-ils sous l'eau et ressemblent-ils à des poissons ? Pour comprendre, observons les loutres et les phoques. La loutre vit à terre mais chasse sous l'eau. Ses pattes sont palmées. Les phoques vivent plutôt sous l'eau, et leurs nageoires sont adaptées à la vie aquatique. Ils ne reviennent à terre que pour se reproduire. Les ancêtres des baleines, des orques, des dauphins, etc., étaient eux aussi des animaux terrestres… Mais comme ils se nourrissaient dans l'eau des marécages, ils s'adaptèrent si bien à la vie sous-marine qu'ils ne revinrent plus sur la terre ferme. Ils ressemblent désormais tout à fait à des poissons, à une différence près : ils doivent remonter de temps en temps à la surface pour respirer. Faute de quoi, ils se noieraient comme tout autre mammifère.

Ci-dessus, à gauche et à droite : les baleines franches et les dauphins sont parmi les rares animaux qui s'accouplent toute l'année, ce qui, pour une femelle, est la garantie qu'elle sera assistée par des mâles lorsqu'elle élèvera ses petits.

Ci-contre : comme les loups, les orques chassent en groupe, de façon organisée et très élaborée. Il en existe deux groupes génétiques différents, disons deux races : les nomades et les sédentaires. Les unes chassent les mammifères, les autres les poissons.

Ce globicéphale de 5 mètres plonge pour chasser les calmars en faisant une traînée de bulles. Il y a quelques années, à Hawaii, un globicéphale attrapa le bras d'une plongeuse qui s'était trop approchée de lui, et l'entraîna avec lui à plus de 30 mètres de profondeur. La malheureuse était sur le point de se noyer quand l'animal lâcha prise tout à coup, lui permettant de remonter à la surface. On en fut quitte pour la peur, et une bonne leçon : on ne réalise pas toujours que l'on dérange un animal. Alors, soyons prudents !

Ci-contre : le nom de baleine franche vient de l'anglais *right-whale*, qui signifie « baleine juste ». Les baleiniers nommaient ainsi les baleines qui ne coulaient pas une fois harponnées et tuées. Pour ces chasseurs, ces baleines étaient « justes » car on pouvait les ramener à terre, même avec de petites embarcations à rames. Une baleine franche est aussi facilement approchable, car elle est moins farouche que les autres. Mais la prudence reste de rigueur avec toutes les baleines : dérangées ou effrayées, elles peuvent être très dangereuses et sont capables, d'un coup de queue, de réduire une barque en miettes.

Ci-dessus : les baleines franches femelles s'accouplent avec plusieurs mâles, dans le but d'avoir plusieurs protecteurs pour leurs petits. Les mâles, évidemment, ne sachant reconnaître leur descendance effective, préfèrent, dans le doute, protéger tous les petits. À leur tour, ils luttent pour s'assurer une descendance, et la compétition a lieu au niveau du sperme. Celui qui en a le plus pour diluer celui de son prédécesseur est gagnant s'il arrive au bon moment. C'est la raison pour laquelle les testicules de baleine franche peuvent atteindre un poids de deux tonnes. Le record de la planète !

Ci-dessous : les globicéphales sont de petites baleines munies de dents, de l'ordre des odontocètes, par opposition aux mysticètes (baleines à fanons). Les globicéphales ont une tête en forme de melon et mènent une vie grégaire. Ils sont nombreux en Méditerranée, où ils chassent les calmars qu'ils peuvent capturer jusqu'à de grandes profondeurs.

S'il arrive de rencontrer sous l'eau ce géant aussi long que quatre voitures, 600 fois plus lourd que soi avec des yeux comme des soucoupes, c'est une expérience à couper le souffle et l'on se sent vraiment tout petit. Il faut être prudent si l'on approche un rorqual comme celui-ci, comparable à un camion qui roulerait à 20 km/h. Ne pas oublier que les baleines n'aiment pas être suivies, peut-être parce que les requins les mordent justement à la queue.

Un rorqual commun exécute ici un saut rarement photographié. D'après les récits d'anciens marins, les baleines passaient souvent pour des monstres des mers. Un exemple littéraire célèbre est celui de *Moby Dick*. Cette réputation tenait à plusieurs raisons, dont la principale était la taille de l'animal. Il suffit de penser qu'un rorqual bleu est un quart de fois plus long que ne l'était la caravelle de Christophe Colomb !

Voici le plus grand poisson du monde, un véritable rocher qui nage. Le requin-baleine peut atteindre 14 mètres de longueur, il est aussi large qu'une fourgonnette et vit presque centenaire. Son poids peut atteindre 20 tonnes et, selon les marins qui naviguaient jadis dans les mers chaudes, c'était vraiment un monstre, souvent plus long que leur embarcation. Pourtant, le requin-baleine est un géant inoffensif. Ses milliers de dents minuscules ne peuvent attraper de proies ; il est pratiquement édenté. Il se nourrit de plancton qu'il retient en filtrant l'eau, comme les mantas et les baleines. Les taches sur son corps, semblables aux reflets de l'eau, le rendent difficile à voir depuis la surface. La peau de son dos lui sert de cuirasse contre les morsures des grands requins, qui doivent se contenter de lui grignoter la queue.

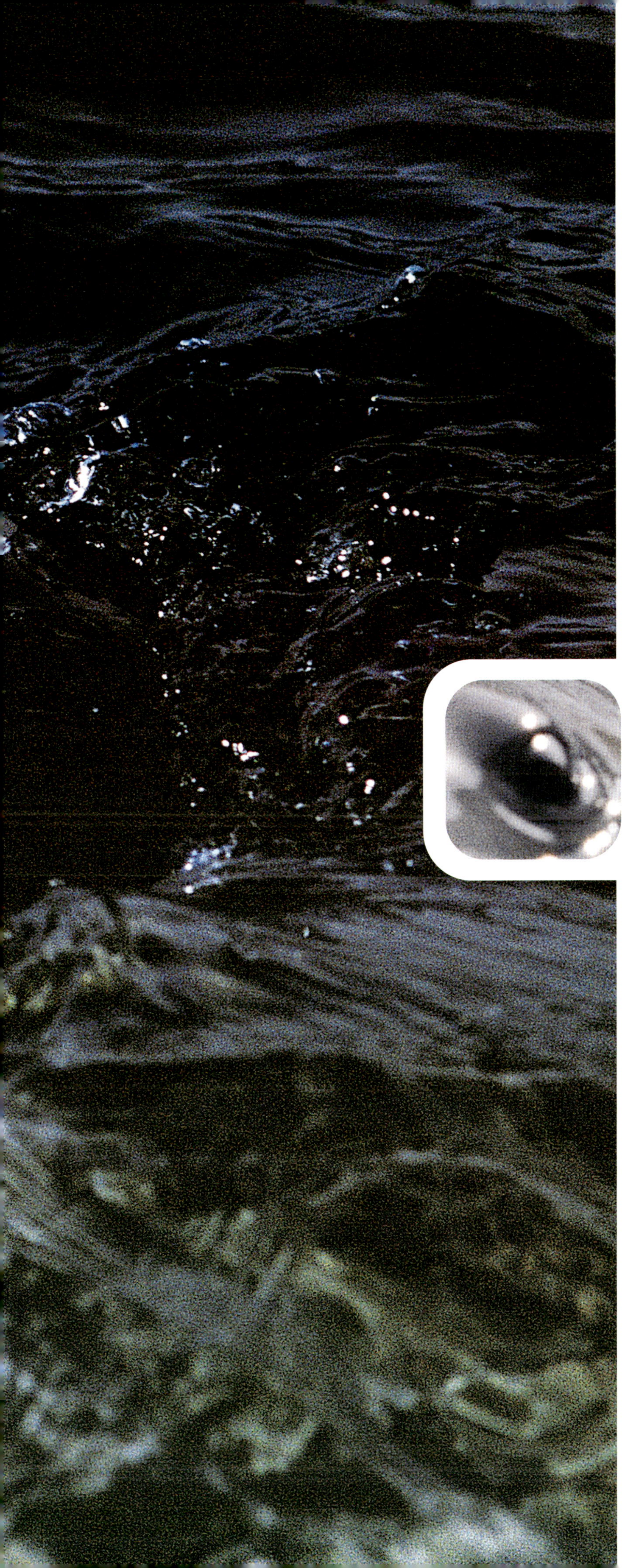

La bête par excellence

Quoi de plus monstrueux qu'une bouche hérissée de dents qui surgit de la mer au-dessous de vous, alors que vous nagez, et qui vous entraîne vers le fond pour vous dévorer vivant ? Les requins représentent bien ce que la mer a produit de plus terrifiant. Ils ont peu changé depuis 400 millions d'années, et il en existe 360 espèces, ce qui est la preuve d'un succès unique dans la nature pour ce qui est de l'évolution. On les a définis comme une « bouche qui nage », mais ce n'est vrai qu'en partie. En fait, il s'agit de créatures très bien adaptées à leur milieu et qui ont un rôle bien défini, celui de prédateurs. Ce sont les homologues marins du lion, du tigre, mais aussi du léopard, du loup, du coyote, du chat ou de la belette.

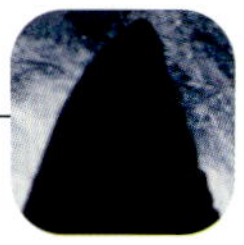

LES MAMMIFÈRES MARINS sont aussi différents entre eux, par leurs habitudes et par le type de proie qu'ils chassent, que le sont les mammifères terrestres. C'est ce qui se passe aussi chez les requins, leurs dents en sont déjà la preuve. Chaque espèce a des dents différentes qui peuvent servir à identifier le type de requin, au même titre que des empreintes digitales. Leurs mâchoires sont « libres », non fixées au crâne, ce qui permet au prédateur, quand il ouvre la bouche, de les projeter en avant comme un piège mobile. Ces poissons ne mastiquent pas, ils avalent directement les bouchées. Certaines espèces ont les dents recourbées vers l'arrière pour immobiliser leur proie et l'avaler, alors que d'autres ont les dents du haut triangulaires et dentelées pour couper les chairs de la victime, et les dents du bas petites et pointues pour assurer la prise… En tout cas, quand un requin mord et qu'il commence à secouer la tête comme un chien, il se produit en quelques millièmes de seconde ce qui se passe dans notre assiette avec la fourchette et le couteau. Ce qui surprend le plus, c'est que les requins ne possèdent pas d'écailles. Leur corps est entièrement recouvert de dents minuscules qui ressemblent à celles qu'ils ont dans la bouche. Un requin qui vous frôle peut vous lacérer cruellement. On a constaté, en laboratoire, que ces petites dents pénètrent si bien dans l'eau que le frottement est moindre quand le requin se déplace. Ce principe a servi à réaliser des combinaisons spéciales pour les plongeurs et des revêtements particuliers pour des sous-marins. Les requins sont, en effet, des machines parfaites pour chasser en mer. Ils flairent leur proie à plusieurs kilomètres de distance grâce à un odorat très fin (ils peuvent déceler un gramme de sang dans une tonne d'eau) et la suivent à la trace comme un chien qui sent un rôti. C'est à ce moment qu'intervient la vue, qui est perçante chez la plupart des requins. Ils ont aussi des capteurs particuliers, inclus dans un conduit gélatineux qui court à fleur de peau le long des flancs de ces poissons et qui contient des terminaisons nerveuses spéciales. Grâce à cet organe, ils peuvent sentir les variations de pression transmises par l'eau (comme on peut sentir un souffle de brise sur la peau) et même les tremblements d'un

Pages précédentes : au moment d'attaquer, le requin blanc (*Carcharodon carcharias*) retourne ses yeux. C'est une façon de les protéger contre les coups de dents ou les coups de griffes de ses proies. L'œil est bien le « talon d'Achille » du requin.

Sur ces deux pages : le requin ne grogne ni ne rugit, il arrive silencieusement et c'est ce qui rend ses attaques encore plus inquiétantes. Savoir qu'un requin blanc adulte peut dévorer en quelques secondes un phoque mâle dépassant 200 kilos n'est pas fait pour nous rassurer, d'autant que l'idée de finir vivant dans le ventre d'un autre animal fait partie des peurs primordiales qui nous occupent toujours, ne serait-ce qu'inconsciemment.

poisson en difficulté. C'est un peu comme si le requin « lisait » le menu avant de choisir quoi manger. Une fois la proie repérée, beaucoup de requins commencent à lui tourner autour. Pourquoi cette pratique ? Pour étudier la proie, bien sûr, mais aussi pour la « goûter », comme on savoure un vin que l'on vient d'ouvrir. Ils possèdent en effet sur tout le corps des récepteurs de goût semblables à nos papilles. Si la proie est alléchante, l'attaque commence. Pour trouver l'endroit précis où mordre, les requins ont, sur le museau, un ensemble de détecteurs d'électricité (les ampoules de Lorenzini) qui les informent à tout moment sur la position de la victime d'après le champ électrique qu'elle émet. Les requins peuvent apparaître comme de vrais « monstres » nés pour tuer, et il faut reconnaître qu'ils savent s'y prendre. Mais il faut surtout les considérer comme de véritables chefs-d'œuvre de l'évolution, adaptés à leur milieu de façon presque parfaite. Le requin-renard (*Alopias vulpinus*), qui vit dans nos mers et possède une forme si curieuse, en est un bon exemple. Sa queue est allongée démesurément, au point de doubler la longueur totale du corps. À quoi peut bien servir un appendice si encombrant ? Le requin se sert du très long lobe supérieur de sa queue comme d'un fouet : un coup violent pendant qu'il traverse un banc de proies fait littéralement « claquer » l'eau, assommant quelques poissons. Il revient alors rapidement en arrière et les avale. Un autre requin de forme « monstrueuse » est le requin-marteau, dont on se demande encore pourquoi il a une tête si bizarre. Le fait d'avoir les yeux et les narines placés aux extrémités du « marteau » augmente peut-être ses capacités visuelles ou olfactives. On peut penser aussi qu'une tête de forme aussi curieuse autorise une plus large répartition des détecteurs d'électricité. Le requin-marteau pourrait ainsi dénicher plus facilement ses proies enfouies sous le sable. Ce n'est sans doute pas un hasard si ce prédateur est friand de raies et de pastenagues dont les aiguillons venimeux ne semblent pas le gêner.

Sur ces deux pages : l'image du requin blanc que nous gardons est celle d'Hollywood, qui n'est pas la vraie mais une caricature. Car le requin blanc n'est pas un monstre mais un poisson, et même un poisson très bien adapté, très évolué et encore très mal connu.

De nos jours, les requins blancs sont devenus rares, car leur progéniture est peu nombreuse (il leur faut des années pour se reproduire). La nature n'a pas prévu pour eux que quelqu'un (l'homme) soit là pour les tuer. Parfois par simple erreur.

Page précédente : une séquence de saut d'un grand requin blanc.

Ci-dessus : pour un prédateur, la surprise est encore plus importante que la vitesse. Sur ces images rares, un requin blanc de 4 mètres et d'environ 1 tonne se propulse entièrement hors de l'eau pour attaquer un phoque. C'est le type de prédation le plus spectaculaire existant dans la nature.

Deux pages suivantes : le requin blanc est l'un des rares requins à manger, outre les poissons, des mammifères marins. Ce phoque d'environ 80 kilos peut se faire dévorer en deux coups de mâchoires et en quelques secondes ! Dans l'eau, les phoques se tournent souvent autour : ce n'est pas un jeu, mais un façon de surveiller les arrières et d'éviter une attaque surprise.

Sur ces deux pages : False Bay, Afrique du Sud. Sur cet îlot au milieu de la mer vit une colonie de 60 000 phoques. De nombreux requins blancs patrouillent le long de ses côtes, attendant que les phoques entrent dans l'eau pour aller attraper des poissons ou qu'ils reviennent vers la terre ferme pour passer la nuit. L'attaque est soudaine et mortelle, même si les chances de succès ne sont que de 50 %.

« Les gros mangent les petits », dit-on souvent. Dans le monde marin, c'est, sans aucun doute, la règle de base. Il existe une chaîne alimentaire (comme, du reste, sur l'ensemble de la planète) qui, dans le cadre d'une certaine hiérarchie, permet à tous de survivre. Et de mourir. C'est une pyramide à plusieurs niveaux : beaucoup de petits animaux à la base, et de moins en moins d'individus quand on monte vers les niveaux supérieurs. Au sommet de la pyramide, on trouve les grands prédateurs, peu nombreux, avec de vastes territoires de chasse. Mais eux aussi vieillissent, meurent et sont dévorés. La prédation est un mécanisme fondamental pour la bonne santé de toute population, dans les océans comme ailleurs. Ce sont les plus faibles et les moins bien adaptés qui se font dévorer les premiers et ne se reproduisent plus. Grâce à cette sévère règle du jeu, la sélection, peu à peu, a donné naissance à l'évolution.

Ci-contre : s'il est attaqué, c'est le phoque qui se met à suivre le requin : il reste ainsi près de sa queue et loin de ses mâchoires.

Ci-dessous : ce petit tas de viande est tout ce qui reste d'un phoque après le premier coup de dents d'un requin blanc.

Ci-dessus : s'il est un requin qu'un naufragé ne voudrait jamais croiser, c'est le requin longimane. Il n'est pas monstrueux d'aspect, mais il est curieux et toujours prêt à l'attaque, ce qui le rend dangereux. D'ailleurs, les repas sont rares en haute mer et il ne faut manquer aucune occasion.

Faire du surf au mauvais endroit peut se révéler très dangereux : le requin risque de confondre la silhouette de la planche avec celle d'un phoque et l'attaquer. Autant se déguiser en antilope dans la savane…

Page suivante : pour preuve, voici les sauts provoqués par Recchi qui laissait traîner derrière le bateau une planche de surf en forme de phoque. Un requin blanc de 4 mètres qui bondit hors de l'eau est un spectacle extraordinaire.

Il apparaît vraiment, à la fin de ce voyage dans les mers et les océans de la Terre, que rien n'est le produit du hasard dans la nature. Les formes, aussi surprenantes et insolites soient-elles, ne sortent pas de la fantaisie débridée d'un artiste qui s'ingénierait à inventer des créatures imaginaires, mais sont le résultat du travail rigoureux d'un architecte : dans la nature, en effet, la forme est soumise à la fonction et n'est que le produit des nécessités d'un organisme. C'est la survie qui commande le « style », la livrée et les couleurs de chaque espèce. Et, dans ce grand catalogue, il n'y a pas de « monstres » mais seulement (et provisoirement) des gagnants ou des perdants.

Chez le même éditeur

Bébés animaux
en 1000 photos
par Suzanne Millarca

Berger allemand
par Bruce Fogle

Caniches
par Bruce Fogle

Chats en 1000 photos
par Philippe Coppe

Chevaux en 1000 photos
par Bertrand Leclair

Chiens en 1000 photos
par Françoise Huart

Cockers et spaniels
par Bruce Fogle

Golden retriever
par Bruce Fogle

Grand Livre de la pêche à la truite
et autres salmonidés
par Jean-Claude Chantelat
et Pascal Leherissier

Grand Livre de la pêche au coup
par Jean-Claude Chantelat
et Marc Fesnières

Grand Livre de la pêche
des carnassiers
par Jean-Claude Chantelat
et Pascal Leherissier

Grand Livre des animaux
par Richard Walker et Philip Whitfield

Grand Livre du cheval
Collectif

Grand Livre du miel
et des abeilles
par Franck Jouve

Guide vert de la pêche
par Jean-Claude Chantelat

Guide vert des chats
par Christiane Sacase

Guide vert des chevaux
par Maurizio Bongianni

Guide vert des chiens
par Gino Pugnetti

Guide vert des oiseaux de cage
et de volière
par M. Matthew Vriends

Guide vert des oiseaux de France
par Jean-Claude Chantelat

Guide vert des poissons
d'aquarium
par Hervé Chaumeton

Insectes en 1000 photos
par Patrick Glemas

Labrador
par Bruce Fogle

La Pêche et ses techniques
Collectif

L'Art de pêcher à la mouche
par Peter Gathercole

La Truite
par Nicolas Beroud
et Dick Sternberg

La Vie rêvée du pêcheur
par Pierre Affre

Le Berger allemand
par Philippe de Wailly
et Alain Dupont

Le Boxer
par Philippe de Wailly
et Christel Rollinat

Le Chien de défense
par André Mautrot

Le Labrador Golden
et autres retrievers
par Philippe de Wailly
et Christel Rollinat

L'Épagneul breton
par Philippe de Wailly

Le Yorkshire
par Philippe de Wailly
et Christel Rollinat

Les Animaux de la ferme
par Isabelle Masson-Deblaize

Les Bergers belges
par Philippe de Wailly

Les Bergers français
par Philippe de Wailly
et Alain Dupont

Les Caniches
par Philippe de Wailly

Les Chats – prestige
par D. Taylor

Les Chevaux – prestige
par Elwyn Hartley Edwards

Les Chiens – prestige
par D. Taylor

Les Cockers et spaniels
par Philippe de Wailly

Les Setters
par Philippe de Wailly
et Daniel Audibert

Les Teckels
par Philippe de Wailly
et Jean Cessot

Mini-encyclopédie chats
par Paddy Cutts

Mini-encyclopédie chiens
par Joan Palmer

Mini-encyclopédie serpents
par Nigel Marven et Rob Harvey

Mon chat - mon animal favori
par Liz Palika

Mon cheval – mon animal favori
par Betsy Sikora Siino

Mon chien – mon animal favori
par Liz Palika

Mon lapin – mon animal favori
par Sikora Siino Betsy

Mon oiseau – mon animal favori
par Liz Palika

Mon poisson – mon animal favori
par Micke Wickham

Nouvel Agenda du pêcheur
par Jean-Claude Chantelat
et Marc Fesnières

Nouveau Manuel de la pêche
par Pascal Durantel

Nouveau Manuel de l'aquarium
par Thierry Maître-Alain

Oiseaux en 1000 photos
par Suzanne Doppelt

Pêche – prestige
Collectif

Pêcher aux leurres artificiels
par Dick Sternberg

Poissons d'aquarium
en 1000 photos
par Christian
et Marie-Paule Piednoir

Teckels
par Bruce Fogle

L'Univers du chat
par Stefano Salviati

L'Univers du cheval
par Stéphane Angers

L'Univers du chien
par Jean-François & Marie-José
Courreau et Monique Bourdin

100 Chats de légende
Collectif

100 Chevaux de légende
par Myriam Baran

100 Chiens de légende
par Christel Mattei

Index des noms

Les numéros de pages en italique renvoient aux noms cités en légende.

Remerciements

C'est en étant seul que l'on fait les meilleures photos sous-marines, car les animaux ont moins peur et se laissent approcher plus volontiers. Néanmoins, sans la collaboration et le soutien d'un groupe d'amis, mes expéditions n'auraient pas eu lieu, je n'aurais pas fait ces photos et ce livre n'existerait pas.
Mes remerciements vont à Michael Townsend, Southampton ; Samuel Gruber, Miami ; Giovanni Carrada, Rome ; Renato Ferraro, Rome ; Antonio Ragosa, Rome ; Margherita Fancello, Rome ; Diego Bertolani, Rome ; Howard et Michelle Hall, San Diego ; Bob et Cathie Cranson, San Diego ; Aldo Lucarelli, Rome ; Antonio Del Gado, Naples ; Osvaldo Ballabio, Milan ; Piero Lupo, Tarente ; Giampiero Ianni, Rome ; Roberto Palmisano, Turin ; Ron et Valerie Taylor, Sydney ; Fabio et Mino (Equipe Sub), Rome.

Un merci tout spécial à Angelo Mojetta, pour la caution scientifique qu'il a bien voulu apporter à ce livre et pour la patience et le professionnalisme dont il m'entoure.

Alberto Luca Recchi